职业院校汽车专业任务驱动教学法创新教材

汽车底盘维修

（含工作页）（第2版）

主　编　韦东亮　叶文海

副主编　黄良昌　林　英

参　编　蓝双玲　廖家浦　叶武广　游家美

主　审　许　平

电子工业出版社

Publishing House of Electronics Industry

北京·BEIJING

内 容 简 介

本书主要包括汽车底盘概述、汽车传动系构造与检修、汽车行驶系构造与检修、汽车转向系构造与检修、汽车制动系构造与检修五个项目。通过对本书的学习，学生可以了解汽车底盘的构造和各部件总成的工作原理，学会正确选用汽车底盘维修工具，能够规范操作汽车底盘维修设备。本书附有单独的工作页，通过工作页的计划实施环节，可以锻炼学生汽车底盘拆装、检测、维修的基本能力。

本书适合职业院校汽车类专业学生学习，也可供有一定汽车维修基础的汽修从业人员参考使用。

图书在版编目（CIP）数据

汽车底盘维修：含工作页 / 韦东亮，叶文海主编.
2 版. -- 北京 ：电子工业出版社，2024. 11（2025. 8 重印）. -- ISBN
978-7-121-49272-3

Ⅰ. U472.41

中国国家版本馆 CIP 数据核字第 20247M96H2 号

责任编辑：张镨丹
印　　刷：三河市良远印务有限公司
装　　订：三河市良远印务有限公司
出版发行：电子工业出版社
　　　　　北京市海淀区万寿路 173 信箱　　　　邮编　100036
开　　本：880×1 230　　1/16　　印张：10.75　　字数：343 千字　　黑插：33
版　　次：2017 年 9 月第 1 版
　　　　　2024 年 11 月第 2 版
印　　次：2025 年 8 月第 2 次印刷
定　　价：45.00 元

凡所购买电子工业出版社图书有缺损问题，请向购买书店调换。若书店售缺，请与本社发行部联系，联系及邮购电话：（010）88254888，88258888。

质量投诉请发邮件至 zlts@phei.com.cn，盗版侵权举报请发邮件至 dbqq@phei.com.cn。

本书咨询联系方式：（010）88254549，zhangpd@phei.com.cn。

前 言

PREFACE

党的二十大报告指出，"我们要坚持教育优先发展、科技自立自强、人才引领驱动，加快建设教育强国、科技强国、人才强国，坚持为党育人、为国育才，全面提高人才自主培养质量，着力造就拔尖创新人才，聚天下英才而用之。"

柳州市第一职业技术学校的汽车运用与维修专业教师团队，秉承"以立德树人为根本任务，升学与就业并举"的原则，深化"三教"改革，创新教学内容，引入学术研究、科技前沿和课程思政内容，通过与上汽通用五菱汽车股份有限公司合作组建"菱大师"订单班等方式，建立起一套从明确任务、制订计划、实施计划、检查控制到评价反馈的工作过程系统化的课程模式。本套"职业院校汽车专业任务驱动教学法创新教材"正是在此优秀实践经验和教学成果的基础上，经全面调研、精确分析、谨慎论证后科学编撰而成的。它是柳州市第一职业技术学校汽车运用与维修专业教师团队的教学成果和集体智慧的结晶。

本套教材大部分采用主教材+工作页的形式，主教材侧重典型工作任务的知识讲解，工作页强调学生对技能的掌握。本套教材具有以下特点。

1. 在编写指导思想方面，本套教材既注重体现职业教育的最新理论与前沿技术、行业能力的最新水平与发展要求，又兼顾职业院校学生的实际特点和水平；既有对汽车运用与维修专业基础知识和必备技能的讲解，又兼顾对企业典型工作任务和典型工作流程的介绍，有助于学生将学习和工作相结合；既强调教师作为学习过程的策划组织者、资源提供者、指导咨询者、过程监督者、绩效评估和改善者的重要作用，又兼顾对学生综合职业能力的培养，强调学生在真实工作情境中解决综合性专业问题的能力和技术思维方式。

2. 在知识体系构建方面，本套教材力求突出工作过程的系统化、学生学习的自主化和评价反馈的及时化。它通过有一定实际价值的行动产品来引导教学组织过程，学生的学习多以强调合作和交流的小组形式进行，从而使学生能够进一步理解技术知识并提高解决问题的能力。

本书配有大量的图片资料，在编写风格上力求文字精简，脉络清晰，图片新颖而精美，知识内容结合常见的汽车底盘教学资源而编写，各底盘系统的总成和零部件都有实物图片，可以让学生在学习时从课本知识延伸到实物，教学和学习效果会更佳。本书还以行动导向教学法为任务载体，通过对学生进行循序渐进的引导，逐步提升学生的基本技能和巩固学生的理论基础，使学生对汽车底盘的构造有根本的了解，并知道汽车的工作原理，为其以后的学习、工作打下坚实的基础。本书包括五个项目，项目一和项目二由柳州市第一职业技术学校叶文海编写，项目三由柳州市第一职业技术学校韦东亮编写，项目四由柳州市第一职业技术学校黄良昌编写，项目五由柳州市第一职业技术学校林英编写，全书由韦东亮负责统稿。柳州市第一职业技术学校蓝双玲、柳州市第一职业技术学校廖家浦、柳州市交通学校叶武广、平南县中等职业技术学校游家美为本书图片的收集与整理做了大量工作。柳州市第一职业技术学校许平负责本书的主审工作。

由于编者水平有限，书中难免存在不妥之处，欢迎广大读者提出修改意见或建议。

编　者

目 录
CONTENTS

项目一

汽车底盘概述

项目描述

　　燃油汽车一般由发动机、底盘、车身和电气设备组成。本项目只有汽车底盘的认识这一学习任务。通过对本项目的学习，学生可以了解汽车底盘的组成、汽车驱动形式的布置。

任务　汽车底盘的认识

任务目标

素养目标：

1. 培养专业自豪感、荣誉感。
2. 培养团队合作精神。

能力目标：

1. 能够正确选择并使用汽车底盘拆装工具。
2. 熟知汽车底盘的四大系统。

知识目标：

1. 了解汽车底盘的作用与组成。
2. 理解常见汽车底盘的驱动形式及其特点。

情景导入

　　小明去参加一个车展，听到销售人员对一些车型的汽车底盘的介绍，知道了汽车底盘性能的好坏决定着汽车的操作性、舒适性等。那么什么是汽车底盘呢？本任务主要学习汽车底盘的相关知识。

知识准备

一、汽车底盘的作用与组成

1. 汽车底盘的作用

汽车底盘可以支承、安装发动机和部分电气设备与附件等，形成汽车的整体造型，并接收发动机输出的动力，通过各机构动力传递给驱动轮，使汽车发生运动，保证汽车正常行驶。

2. 汽车底盘的组成

汽车底盘由传动系、行驶系、转向系和制动系四大系统组成，如图1-1所示。

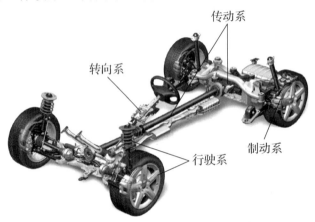

图1-1　汽车底盘的组成

1）传动系

传动系将发动机的动力传递给驱动轮，并实现减速增矩等功能。传动系由离合器、变速器、万向传动装置（万向节和传动轴）和驱动桥（主减速器、差速器、半轴、桥壳）组成，如图1-2所示。

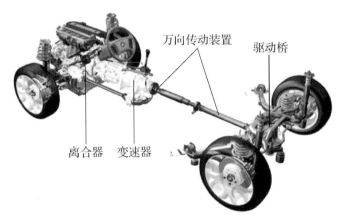

图1-2　传动系的组成

2）行驶系

行驶系起支承、安装汽车的各零部件，以及传递和承受各种载荷的作用，以保证汽车的正常行驶。行驶系主要由车架（车身）、车桥（前桥、后桥）、悬架、车轮等组成，如图 1-3 所示。

图 1-3　行驶系的组成

3）转向系

转向系保证汽车按照驾驶员选定的方向行驶。转向系由转向操纵机构、转向器、转向传动机构等组成，如图 1-4 所示。

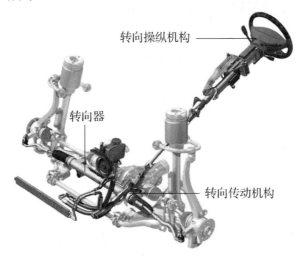

图 1-4　转向系的组成

4）制动系

制动系使汽车减速、停车，并保证汽车可靠地驻停。制动系由制动钳支架、制动钳、制动盘及制动片等组成。制动系的组成如图 1-5 所示。

图 1-5　制动系的组成

二、汽车的驱动形式

汽车的驱动形式按照汽车与驱动桥的相对位置分类，可分为发动机前置后轮驱动（FR）形式、发动机前置前轮驱动（FF）形式、发动机后置后轮驱动（RR）形式、发动机中置后轮驱动（MR）形式和全轮驱动（AWD）形式等。

1. FR 形式

FR 形式是一种比较传统的驱动形式，如图 1-6 所示。它先将发动机和变速器总成纵向布置在发动机舱内，然后通过一根长长的传动轴把后差速器连接起来，最后从后差速器分出两根半轴分别驱动两个后轮。FR 形式最大的优点就是能提供更大的有效牵引力。

图 1-6　FR 形式

2. FF 形式

FF 形式是指发动机、离合器、变速器、主减速器和差速器都被布置在汽车前部，发动机的动力被直接传递给前轮，从而带动车辆前进的驱动形式，如图 1-7 所示。FF 布置方案有助于提高汽车高速行驶的操纵性和稳定性，传动系结构简单、紧凑。

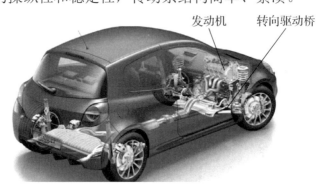

图 1-7　FF 形式

3. RR 形式

RR 形式是一种非常罕见的驱动方式。所谓后置发动机，就是把发动机放置在后轴之后。RR 形式如图 1-8 所示，发动机、离合器和变速器都横置于驱动桥之后，驱动桥采用非独立悬架。RR 形式大多在高性能跑车和大型客车上应用。RR 形式的优点是传动系效率高，车头转向灵活，转向盘响应也快；缺点是发动机冷却条件差，发动机、离合器和变速器的操纵机构都比较复杂。

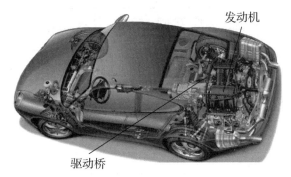

图 1-8　RR 形式

4. MR 形式

MR 形式广泛应用于大客车上，发动机冷却条件差，发动机、离合器和变速器的操纵机构较复杂，但具有车内噪声低、空间利用率高等优点。MR 形式如图 1-9 所示。

图 1-9　MR 形式

5. AWD 形式

AWD 中的"A"是指与车轮总数相等的驱动轮数，表示传动系为全轮驱动。AWD 形式如图 1-10 所示，发动机被布置在汽车前部，桥都是驱动桥。AWD 形式为了将变速器输出的动力分配给前后两驱动桥，在变速器与两驱动桥之间布置有分动器。AWD 形式主要应用于越野汽车。

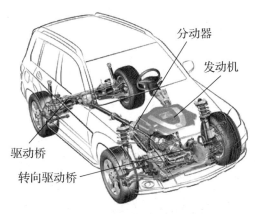

图 1-10　AWD 形式

任务实施与评价

项　目	评分标准	分　值	得　分
接收工作任务	明确工作任务是汽车底盘的认识	5	
收集信息	了解汽车底盘的组成部件	10	
	了解汽车的驱动形式	10	
制订计划	能制订出汽车底盘认识实训计划	10	
	能协同小组人员安排任务分工	5	
	能在计划实施前准备好本次实训的工具、器材	5	
计划实施	规范使用举升机举升车辆	10	
	汽车底盘的基本检查	5	
	传动系的认识	5	
	行驶系的认识	5	
	转向系的认识	5	
	制动系的认识	5	
质量检查	任务是否完成，安全意识、5S管理是否到位	10	
评价反馈	学生是否完成了心得体会和自我评价的总结	10	
分数合计		100	
综合评价	□优秀　　　□良好　　　□合格　　　□不合格		

任务测试

一、填空题

1. 汽车底盘由_____、_____、_____和_____四大系统组成。

2. _____将发动机的动力传递给驱动轮，并实现减速增矩等功能。

3. 传动系由_____、_____、_____和_____组成。

4. 行驶系主要由_____、_____、_____、_____等组成。

5. 转向系由_____、_____、_____等组成。

6. 制动系由_____、_____、_____及_____等组成。

7. 汽车的驱动形式按照汽车与驱动桥的相对位置分类，可分为_____、发动机前置前轮驱动（FF）形式、_____、_____和_____等。

二、判断题

1. 汽车底盘可以支承、安装发动机和部分电气设备与附件等。　　　　　　　　（　　）

2. 行驶系起支承、安装汽车的各零部件，以及传递和承受各种载荷的作用，以保证汽车的正常行驶。　　　　　　　　　　　　　　　　　　　　　　　　　　　　　（　　）

3. 制动系保证汽车按照驾驶员选定的方向行驶。　　　　　　　　　　　　　（　　）

4. 行驶系使汽车减速、停车，并保证汽车可靠地驻停。　　　　　　　　　　（　　）

5. FF形式表示发动机前置后轮驱动的驱动形式。　　　　　　　　　　　　　（　　）

6. FR 形式最大的优点就是能提供更大的有效牵引力。 （　　）

7. FF 形式表示发动机前置前轮驱动的驱动形式。 （　　）

8. FF 布置方案有助于提高汽车高速行驶的操纵性和稳定性，传动系结构简单、紧凑。

（　　）

9. RR 形式大多都会在高性能跑车和大型客车上应用。 （　　）

10. MR 形式广泛应用于大客车上，发动机冷却条件差。 （　　）

11. MR 形式具有车内噪声低、空间利用率高等优点。 （　　）

12. AWD 形式主要应用于载货汽车。 （　　）

项目二
汽车传动系构造与检修

项目描述

燃油汽车普遍采用的内燃机是活塞式内燃机，与之匹配使用的传动系大多数是机械式传动系。机械式传动系由离合器、变速器、万向传动装置、主减速器、差速器和半轴等组成，如图 2-1 所示。汽车传动系的基本功用是将发动机发出的动力按需要传递给驱动轮，使汽车前进或倒退。为此，任何形式的传动系都具有如下功能。

（1）实现汽车减速增矩。

（2）实现汽车变速。

（3）实现汽车倒车。

（4）使车轮具有差速功能。

（5）必要时中断传动系的动力传递。

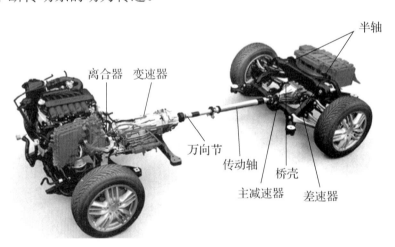

图 2-1　机械式传动系的组成

本项目有离合器构造与检修、变速器构造与检修、万向传动装置构造与检修和驱动桥构造与检修 4 个学习任务。通过对本项目的学习，学生可以进一步掌握汽车传动系的结构和工作原理，掌握汽车传动系的检修方法，并学会使用常用工具。

任务一　离合器构造与检修

任务目标

素养目标：

1. 培养精益求精的工匠精神。

2. 树立爱岗敬业、团结互助的价值观。

能力目标：

1. 能够正确选择并使用拆装工具就车拆装和调整离合器。

2. 能够利用工具对离合器进行检修。

知识目标：

1. 了解离合器的作用及组成。

2. 理解摩擦式离合器的基本工作原理。

3. 掌握膜片弹簧离合器的构造。

情景导入

一辆行驶里程为35000km的五菱鸿途汽车到修理厂进行维修。驾驶员反映，该车加速无力。维修技师初步判断，车辆离合器摩擦片磨损严重，需要对其进行相关检查。请根据本任务所学知识对传动系的离合器进行相关检查。

知识准备

🔍 理论知识

离合器

一、离合器概述

离合器安装于发动机与变速器之间，驾驶员可根据行驶需要控制离合器的接合和分离，从而接通或切断发动机与驱动轮之间的动力传递。

二、离合器的作用

（1）平顺接合动力，保证汽车平稳起步。

（2）保证换挡时工作平顺。

（3）防止传动系过载。

三、离合器的分类

离合器根据传递动力方式的不同，可以分为摩擦式离合器、液力离合器和电磁离合器。

1. 摩擦式离合器

摩擦式离合器是利用主动部分、从动部分的摩擦作用来传递转矩的离合器。其结构如图 2-2 所示。目前，这种离合器在轿车、客车、货车及工程用车上被广泛采用。

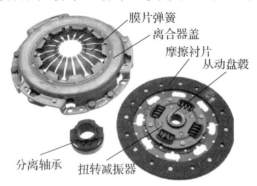

图 2-2　摩擦式离合器的结构

2. 液力离合器

液力离合器（见图 2-3）是将液体作为传动介质的离合器，被用在自动变速器车型中。

3. 电磁离合器

电磁离合器（见图 2-4）是利用磁力进行传动的离合器，即靠线圈的通断来控制离合器的接合与断开。它在轿车的空调压缩机上被广泛采用。

图 2-3　液力离合器　　　　　　　图 2-4　电磁离合器

四、摩擦式离合器的基本组成、基本工作原理和分类

1. 基本组成

摩擦式离合器由主动部分、从动部分、压紧机构和操纵机构四部分组成，如图 2-5 所示。

1）主动部分

主动部分由发动机飞轮、离合器盖和压盘构成。

2）从动部分

从动部分由从动盘和输出轴组成。

3）压紧机构

压紧机构由膜片弹簧或装在压盘和离合器盖之间的沿圆周均匀布置的压紧弹簧组成。

4）操纵机构

操纵机构包括离合器踏板、分离拉杆、调节叉、分离叉、分离套筒、分离轴承、分离杠杆和回位弹簧等。

2. 基本工作原理

摩擦式离合器的基本工作原理如图 2-6 所示。

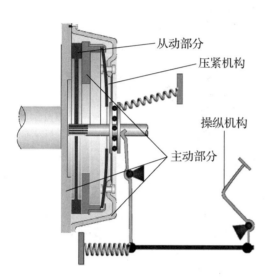

图 2-5　摩擦式离合器的组成

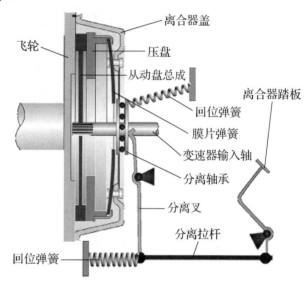

图 2-6　摩擦式离合器的基本工作原理

1）离合器接合状态的工作原理

发动机工作时，膜片弹簧使压盘、飞轮及从动盘互相压紧，发动机的转矩经飞轮及压盘通过摩擦面的摩擦力矩传至从动盘。

2）离合器分离过程的工作原理

踩下离合器踏板，在分离拉杆的作用下，分离叉推动分离轴承向前移动，分离轴承压向膜片弹簧的内端，膜片内端向前运动，膜片外端在钢丝支承圈的作用下向后运动，进而带动压盘向后运动，解除飞轮、从动盘、压盘三者之间的压紧状态，动力传递切断。

3）汽车起步的工作原理

抬起离合器踏板，分离叉离开分离轴承，分离轴承在回位弹簧的作用下回位，压盘在膜片弹簧的作用下前移，从而使飞轮、从动盘、压盘三者之间处于压紧状态，并产生摩擦力矩，动力传递接通。

3．分类

（1）摩擦式离合器按从动盘的数目分类，可以分为单片离合器、双片离合器和多片离合器。

① 单片离合器。轿车、客车和部分中、小型货车多采用单片离合器。

② 双片离合器。双片离合器多用于重型车辆。

③ 多片离合器。多片离合器因轴向尺寸较大，所以很少在汽车上采用。

（2）摩擦式离合器按压紧弹簧的形式分类，可以分为膜片弹簧离合器和螺旋弹簧离合器。

① 膜片弹簧离合器。膜片弹簧离合器（见图2-7）采用膜片弹簧作为压紧弹簧，目前应用最为广泛。

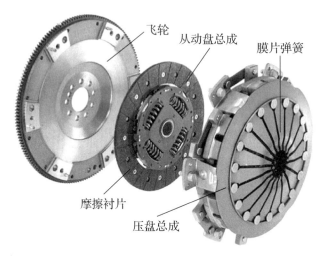

图 2-7　膜片弹簧离合器

② 螺旋弹簧离合器。螺旋弹簧离合器按螺旋弹簧的布置方式分类，可分为周布弹簧离合器（见图2-8）和中央弹簧离合器。周布弹簧离合器主要用于商用载重汽车。

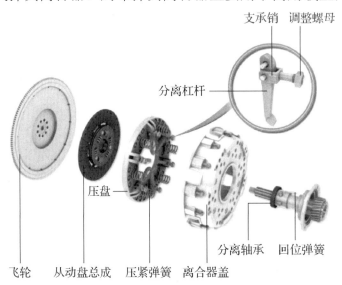

图 2-8　周布弹簧离合器

a．主动部分。主动部分由飞轮、离合器盖和压盘构成。

b．从动部分。从动部分只有从动盘，从动盘带有扭转减振器。

c．压紧机构。压紧机构由沿圆周分布于压盘和离合器盖之间的压紧弹簧组成。

五、从动盘与扭转减振器

由发动机传到传动系中的转矩是周期性地不断变化着的，这将使传动系发生扭转振动。如果这一振动的频率与传动系的自振频率重合，就会发生共振，这对传动系中零件的寿命有很大影响。为了避免共振，缓和传动系所受的冲击载荷，不少汽车在传动系中装设了扭转减振器，并且多数将扭转减振器附装在离合器的从动盘中。因此，从动盘还有带扭转减振器和不带扭转减振器之分。

1．带扭转减振器的从动盘的结构

带扭转减振器的从动盘的结构如图 2-9 所示。

2．扭转减振器的结构与工作原理

扭转减振器的结构如图 2-10 所示。

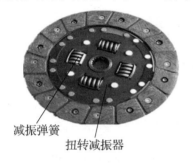

图 2-9　带扭转减振器的从动盘的结构

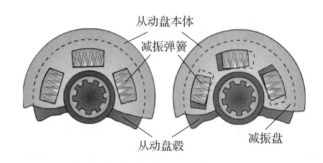

图 2-10　扭转减振器的结构

1）从动盘不工作时的工作原理

从动盘本体、从动盘毂及减振盘三者的窗孔是相互重合的。

2）从动盘工作时的工作原理

从动盘两侧的摩擦片所受的摩擦力矩先传到从动盘本体和减振盘上，再经 6 个减振弹簧传给从动盘毂。这时减振弹簧被压缩，吸收传动系所受的冲击。

六、离合器操纵机构

离合器操纵机构是驾驶员借以使离合器分离，又使之柔和接合的一套机构。常见的离合器操纵机构有机械式、液压式等。目前，汽车上的离合器广泛采用的是机械式或液压式离合器操纵机构。

1．机械式离合器操纵机构

1）杠杆式离合器操纵机构

杠杆式离合器操纵机构如图 2-11 所示。这种离合器操纵机构结构简单、工作可靠，广泛应用于各型汽车。东风 EQl090E 型汽车所采用的传动机构即杠杆式传动机构，但杠杆式传动机构中杆件间铰接多，摩擦损失大，车架或车身变形及发动机发生位移时会影响其正常工作。

2）绳索式离合器操纵机构

绳索式离合器操纵机构如图 2-12 所示。踩下离合器踏板时，绳索拉动分离叉把分离轴承压向膜片弹簧，使离合器分离。绳索寿命较短、拉伸刚度较小，故绳索传动只适用于轻型、微型汽车和轿车。桑塔纳、捷达轿车的离合器操纵机构中就采用了绳索传动。

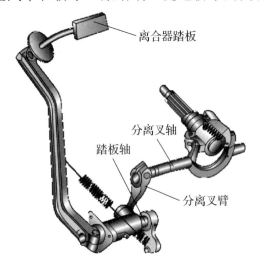

图 2-11　杠杆式离合器操纵机构

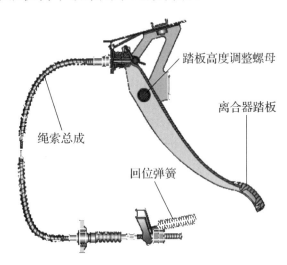

图 2-12　绳索式离合器操纵机构

2. 液压式离合器操纵机构

液压式离合器操纵机构（见图 2-13）主要由主缸、工作缸和管路系统等组成。踩下离合器踏板时，主缸产生的液压力通过高压油管送到工作缸。此液压力用于移动分离叉来实现对离合器的操纵。液压式离合器操纵机构具有摩擦阻力小、质量轻、操纵轻便、接合柔和、布置方便、不受车身或车架变形的影响等优点，因此应用较为广泛。

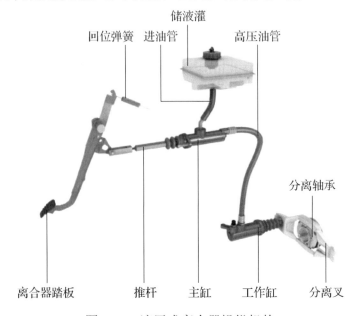

图 2-13　液压式离合器操纵机构

七、离合器的自由间隙和离合器踏板自由行程

1. 离合器的自由间隙

离合器在正常接合状态下，分离杠杆内端与分离轴承之间应留有一个间隙（见图 2-14），一般为几毫米。如果没有自由间隙，则会导致离合器打滑，使离合器所能传动的转矩下降，进而使车辆行驶无力，加速从动盘的磨损。

2. 离合器踏板自由行程

为消除离合器的自由间隙和操纵机构零件的弹性变形所需要的离合器踏板行程被称为离合器踏板自由行程，如图 2-15 所示。

图 2-14　离合器的自由间隙

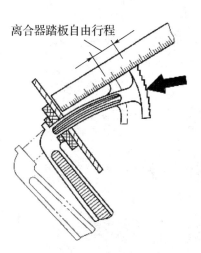

图 2-15　离合器踏板自由行程

 实践知识

拆装离合器总成

图　　示	步　　骤
1. 准备工作	
	把车辆开入举升工位，按照举升机的操作规程把车辆举升到合适的高度

图　　示	步　　骤
2．拆除离合器的外围设备及连接件	
	要先拆除传动轴（后桥驱动车辆）、变速器总成
3．拆除离合器总成	
	将固定飞轮专用工具的销轴插入气缸体后端的螺栓孔中，使专用工具的尖角卡在飞轮齿圈的齿槽内
	交叉、分多次拧松离合器外壳与飞轮的紧固螺栓
	在拧出离合器外壳与飞轮的紧固螺栓之前，将离合器拆装专用工具穿过离合器插入飞轮中心孔上，避免在拧出紧固螺栓后，从动盘掉落将脚砸伤

图　　示	步　　骤
	取出离合器外壳与飞轮的所有紧固螺栓
	把离合器总成拿下。要把从动盘一起拿稳，避免其掉落。 　　如果离合器外壳上的定位孔与飞轮上的定位销不能保证两者的安装位置，则要在两者之间作可靠的安装记号，避免因安装位置不对而破坏飞轮的动平衡
	用粗砂纸（或粗砂布）砂磨压盘的工作表面，然后将其擦拭干净
	用粗砂纸（或粗砂布）砂磨离合器片两边的工作表面，然后将其擦拭干净

4. 安装离合器压盘及摩擦片

	安装时，离合器摩擦片的扭转减振器平（或短毂）的一端朝向飞轮

图　　示	步　　骤
	安装时，离合器摩擦片的扭转减振器凸起（或长毂）的一端朝向压盘，不能装反
	把专用工具穿过离合器摩擦片的花键毂，连同压盘一起安装到飞轮上，将专用工具的前端插入飞轮中间的变速器输入轴的导向轴承内
	安装时，如无专用工具，可用对应变速器的输入轴代替，使离合器摩擦片与飞轮上的导向轴承对中心更准确
	用螺栓把压盘固定在飞轮上
	交叉、分多次紧固离合器外壳与飞轮的紧固螺栓，最后按照规定扭矩将其拧紧。 5S 管理。 结束

任务实施与评价

项 目	评 分 标 准	分 值	得 分
接收工作任务	明确工作任务是离合器的拆装与检修	5	
收集信息	了解离合器的组成部件	10	
	了解离合器的分类	10	
制订计划	能制订出离合器拆装与检修实训计划	10	
	能协同小组人员安排任务分工	5	
	能在计划实施前准备好本次实训的工具、器材	5	
计划实施	规范使用举升机举升车辆	10	
	拆装离合器总成	15	
	离合器检修注意事项	5	
	离合器检修要求	5	
质量检查	任务是否完成，安全意识、5S 管理是否到位	10	
评价反馈	学生是否完成了心得体会和自我评价的总结	10	
分数合计		100	
综合评价	□优秀　　□良好　　□合格　　□不合格		

任务测试

一、填空题

1. _____安装于发动机与变速器之间。

2. 驾驶员可根据行驶需要控制离合器的_____和_____，从而_____或切断发动机与_____之间的_____。

3. 离合器根据传递动力方式的不同，可以分为_____、_____和_____。

4. 摩擦式离合器是利用_____、_____的_____作用来传递转矩的离合器。

5. 液力离合器是将_____作为传动介质的离合器。

6. 电磁离合器是利用_____的离合器，即靠线圈的_____来控制离合器的接合与_____。

7. 摩擦式离合器由_____、_____、_____和_____四部分组成。

8. 摩擦式离合器的主动部分由_____、_____和_____构成。

9. 摩擦式离合器的从动部分由_____和_____组成。

10. 摩擦式离合器的压紧机构由_____或装在压盘和离合器盖之间的沿圆周均匀布置的_____组成。

11. 摩擦式离合器的操纵机构包括_____、_____、调节叉、_____、分离套筒、_____等。

12. 摩擦式离合器按从动盘的数目分类，可以分为_____、_____和_____。

13. 摩擦式离合器按压紧弹簧的形式分类，可以分为_____和_____。

14. 离合器操纵机构有_____、_____等。

二、判断题

1．摩擦式离合器目前在轿车、客车、货车及工程用车上被广泛采用。 （　　）

2．液力离合器被用在自动变速器车型中。 （　　）

3．电磁离合器在轿车的空调压缩机上被广泛采用。 （　　）

任务二　变速器构造与检修

任务目标

素养目标：

1．培养爱国主义情怀。

2．培养团队合作精神。

能力目标：

1．能够正确选择并使用汽车底盘拆装工具。

2．能够根据维修手册进行变速器总成的拆装与检修。

知识目标：

1．了解变速器的作用与构造。

2．学会分析变速器的工作原理。

3．学会分解与装配变速器。

情景导入

一辆行驶里程为52000km的五菱鸿途汽车到修理厂进行维护。驾驶员反映，该车挂不上挡。维修技师初步判断，车辆的变速器需要进行相关检查。请根据本任务所学知识对传动系的变速器总成进行相关检查。

知识准备

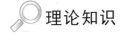理论知识

变速器

一、变速器概述

1．变速器的作用

（1）实现变速、变矩。

（2）实现倒车。

（3）实现动力传递的中断。

2. 变速器的分类

（1）变速器根据传动比变化方式的不同，可分为有级式变速器、无级式变速器和综合式变速器（自动变速器）。

① 有级式变速器。有级式变速器采用齿轮传动，通常有 3～5 个前进挡和一个倒挡。变速器挡数即其前进挡的个数。

② 无级式变速器。无级式变速器简称 CVT。它的传动比的变化是连续的。无级式变速器具有操作简单、油耗小、动力损失小、加速快等优点，在中、高级轿车上应用得越来越多。无级式变速器如图 2-16 所示。

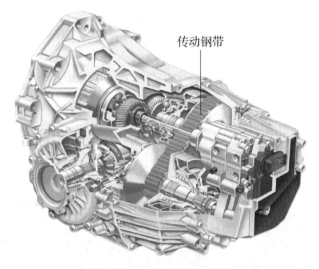

图 2-16　无级式变速器

③ 综合式变速器（自动变速器）。综合式变速器（自动变速器）是指由液力变矩器和行星齿轮式有级变速器组成的液力机械式变速器，一般由计算机来实现自动换挡，目前应用较为广泛。自动变速器如图 2-17 所示。

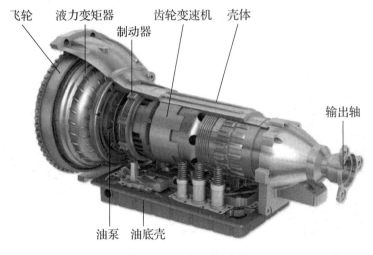

图 2-17　自动变速器

（2）变速器根据操纵方式的不同，可分为手动变速器、自动变速器和手动自动一体变速器。

① 手动变速器。手动变速器简称 MT，由驾驶员用手直接操纵换挡机构进行挡位变换。齿轮式有级变速器大多采用此种操纵方式。手动变速器根据工作轴（不包括倒挡轴）数目的不同，可分为手动两轴式变速器（见图 2-18）和手动三轴式变速器（见图 2-19）。

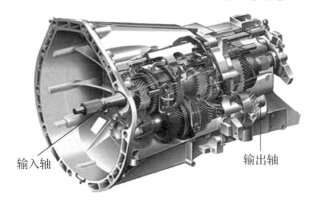

图 2-18　手动两轴式变速器

图 2-19　手动三轴式变速器

② 自动变速器。自动变速器简称 AT。它的传动比选择和换挡是自动进行的。驾驶员只需操纵加速踏板就可以控制车速。自动变速器根据变速机构的不同，可分为平衡轴式自动变速器（见图 2-20）和行星齿轮式自动变速器（见图 2-21）。

图 2-20　平衡轴式自动变速器

图 2-21　行星齿轮式自动变速器

③ 手动自动一体变速器。手动自动一体变速器（见图 2-22）在高档轿车上采用得较多。它的挡位设计与自动挡相仿，只需将前进挡 D 挡往旁边一拨，就可以通过前推后拉，实现挡位的自动切换，驾驶者可以享受到把握换挡时机的操控感。

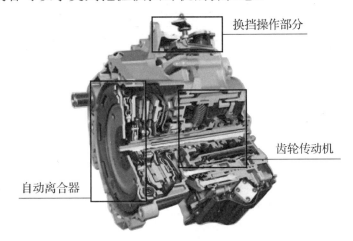

图 2-22　手动自动一体变速器

3. 普通齿轮传动的基本原理

普通齿轮变速器利用不同齿数的齿轮啮合传动来实现转矩和转速的改变。

（1）变向原理（见图 2-23）。

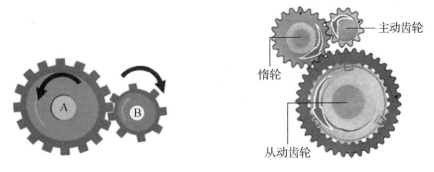

图 2-23　变向原理

相啮合的一对齿轮旋向相反，每经过一次传动副，其旋转方向改变一次；如果再加一根倒挡轴，变成三对传动副传递动力，则输入轴与输出轴的转向相反。

（2）变速变矩原理（见图 2-24）。

图 2-24　变速变矩原理

规律：大齿轮带动小齿轮，增速降扭传动；

小齿轮带动大齿轮，降速增扭传动。

（3）传动比（i）。

$$传动比=\frac{主动齿轮转速}{从动齿轮转速}=\frac{从动齿轮齿数}{主动齿轮齿数}$$

$$i=\frac{n_主}{n_从}=\frac{z_从}{z_主}$$

式中，$n_主$、$n_从$分别表示主动齿轮、从动齿轮的转速；$z_主$、$z_从$分别表示主动齿轮、从动齿轮的齿数。$i>1$，挡位为减速挡，并且i越大，挡位就越低；$i=1$，挡位为直接挡，传动效率最高；$i<1$，挡位为超速挡。

二、手动变速器的结构与原理

1. 手动变速器的结构

手动变速器由变速传动机构和变速操纵机构两大部分组成。

1）变速传动机构

变速传动机构是手动变速器的主体部分，主要由一系列相互啮合的齿轮副及其支承轴和作为基础的壳体组成。其主要作用是改变传动比和齿轮的旋转方向。

2）变速操纵机构

变速操纵机构的作用是实现换挡。

2. 动力传递路线（以五菱手动三轴式变速器为例）

五菱手动三轴式变速器传动机构的实物图与简图如图 2-25 所示。

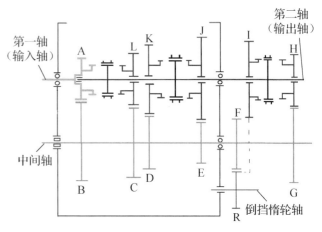

图 2-25　五菱手动三轴式变速器传动机构的实物图与简图

1）1 挡动力传递路线

1 挡动力传递路线示意图如图 2-26 所示。

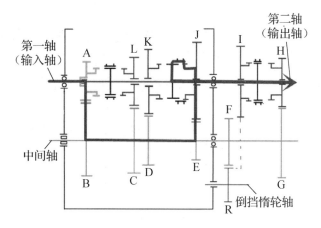

图 2-26　1 挡动力传递路线示意图

1 挡动力传递路线：输入轴→输入轴常啮合齿轮（A）→中间轴常啮合齿轮（B）→中间轴→中间轴 1 挡齿轮（E）→输出轴 1 挡齿轮（J）→输出轴 1 挡齿轮齿圈→1、2 挡同步器接合套→1、2 挡同步器花键毂→输出轴。

（输入轴→A→B→中间轴→E→J→齿圈→接合套→花键毂→输出轴）

2）2 挡动力传递路线

2 挡动力传递路线：输入轴→输入轴常啮合齿轮（A）→中间轴常啮合齿轮（B）→中间轴→中间轴 2 挡齿轮（D）→输出轴 2 挡齿轮（K）→输出轴 2 挡齿轮齿圈→1、2 挡同步器接合套→1、2 挡同步器花键毂→输出轴。

（输入轴→A→B→中间轴→D→K→齿圈→接合套→花键毂→输出轴）

3）3 挡动力传递路线

3 挡动力传递路线：输入轴→输入轴常啮合齿轮（A）→中间轴常啮合齿轮（B）→中间轴→中间轴 3 挡齿轮（C）→输出轴 3 挡齿轮（L）→输出轴 3 挡齿轮齿圈→3、4 挡同步器接合套→3、4 挡同步器花键毂→输出轴。

（输入轴→A→B→中间轴→C→L→齿圈→接合套→花键毂→输出轴）

4）4 挡（直接挡）动力传递路线

4 挡动力传递路线示意图如图 2-27 所示。

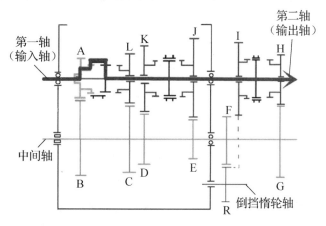

图 2-27　4 挡动力传递路线示意图

4挡动力传递路线：输入轴→输入轴常啮合齿轮（A）→输入轴4挡齿轮齿圈→3、4挡同步器接合套→3、4挡同步器花键毂→输出轴。

（输入轴→A→齿圈→接合套→花键毂→输出轴）

5）5挡（超速挡）动力传递路线

5挡动力传递路线：输入轴→输入轴常啮合齿轮（A）→中间轴常啮合齿轮（B）→中间轴→中间轴5挡齿轮（G）→输出轴5挡齿轮（H）→输出轴5挡齿轮齿圈→5、倒挡同步器接合套→5、倒挡同步器花键毂→输出轴。

（输入轴→A→B→中间轴→G→H→齿圈→接合套→花键毂→输出轴）

6）倒挡动力传递路线

倒挡动力传递路线示意图如图2-28所示。

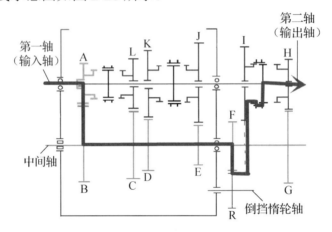

图2-28　倒挡动力传递路线示意图

倒挡动力传递路线：输入轴→输入轴常啮合齿轮（A）→中间轴常啮合齿轮（B）→中间轴→中间轴倒挡齿轮（F）→倒挡惰轮（R）→输出轴倒挡齿轮（I）→输出轴倒挡齿轮齿圈→5、倒挡同步器接合套→5、倒挡同步器花键毂→输出轴。

（输入轴→A→B→中间轴→F→R→I→齿圈→接合套→花键毂→输出轴）

三、同步器

1. 同步器的功用

同步器的功用是使接合套与待啮合的齿圈迅速同步，缩短换挡时间，并且防止换挡齿轮在同步前啮合而产生换挡冲击。

2. 同步器的分类

同步器按工作原理分为常压式同步器、惯性式同步器和自行增力式同步器，目前广泛应用的是惯性式同步器。

惯性式同步器根据锁止装置的不同，可分为锁环式惯性同步器（见图2-29）和锁销式惯性同步器（见图2-30）。轿车和轻、中型货车广泛采用锁环式惯性同步器。

图 2-29 锁环式惯性同步器

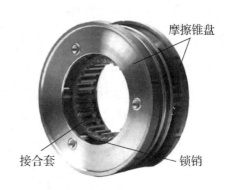

图 2-30 锁销式惯性同步器

锁环式惯性同步器主要由花键毂、接合套、滑块、锁环等零件组成，如图 2-31 所示。

图 2-31 锁环式惯性同步器的组成

3. 锁环式惯性同步器的工作原理

1）同步开始的工作原理

空挡时，每个旋转齿轮与相应的从动齿轮啮合并在轴上空转。移动换挡杆时，装在接合套凹槽内的换挡叉按箭头所示的方向移动。由于滑块中央的凸起部位嵌入接合套凹槽内，滑块同时移动（按箭头所示的方向），并将锁环推到旋转齿轮的锥体部分，导致同步开始，如图 2-32 所示。

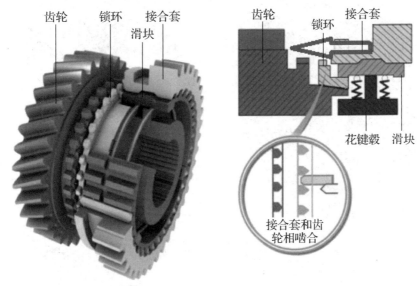

图 2-32 锁环式惯性同步器同步开始

2）同步过程中的工作原理

当换挡杆进一步移动时，施加到接合套上的力克服滑块弹簧的力，使接合套移动。锁环在旋转齿轮的带动下，沿转动方向作少许转动。锁环阻止了接合套的移动，避免同步器在同步前实现啮合而发生齿轮撞击现象，如图2-33所示。

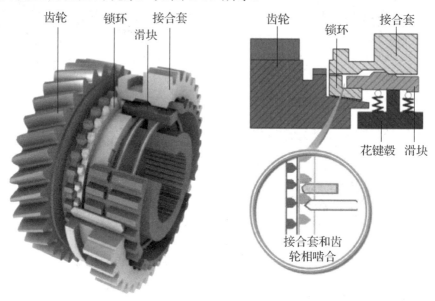

图 2-33　锁环式惯性同步器的同步过程

3）同步结束的工作原理

施加到锁环上的力变得更大，在锁环和旋转齿轮锥体部分的摩擦作用下，旋转齿轮与锁环（接合套）迅速同步。当接合套和旋转齿轮的速度相等时，锁环开始沿逆旋转方向转动少许，接合套花键与锁环实现啮合，如图2-34所示。

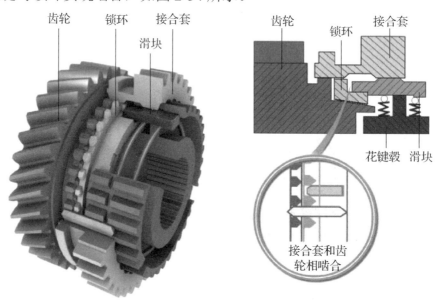

图 2-34　锁环式惯性同步器同步结束

四、变速器操纵机构

变速器操纵机构的作用是保证驾驶员根据使用条件，准确、可靠地将变速器换入所需要的挡位。

变速器操纵机构根据变速操纵杆（变速杆）位置的不同，可分为直接操纵式和远距离操纵式两种类型。

1. 直接操纵式

变速器的位置在驾驶员附近，变速杆自驾驶室底板伸出，驾驶员可直接操纵。这种操纵机构具有换挡位置容易确定、换挡快、换挡平稳等特点，主要应用于发动机前置后轮驱动的汽车。变速器直接操纵式机构如图 2-35 所示。

变速器直接操纵式机构一般由变速杆、拨块、拨叉、拨叉轴及安全装置等组成。

2. 远距离操纵式

在有些汽车上，由于变速器离驾驶员座位较远，因此需要在变速杆与拨叉之间加装一些辅助杠杆或一套传动机构，构成变速器远距离操纵式机构。这种操纵机构多用于发动机后置后轮驱动的汽车。变速器远距离操纵式机构如图 2-36 所示。

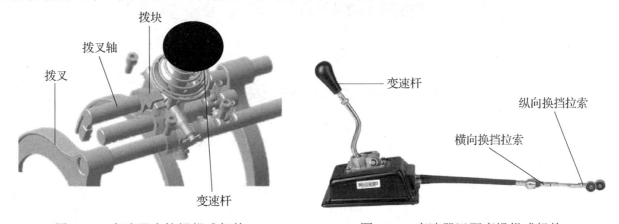

图 2-35　变速器直接操纵式机构　　　　图 2-36　变速器远距离操纵式机构

五、换挡锁装置

换挡锁装置的作用：保证变速器在任何情况下都能准确、安全、可靠地工作。换挡锁装置包括自锁装置、互锁装置和倒挡锁装置。

1. 自锁装置

自锁装置用于防止变速器自动脱挡，并保证轮齿以全齿宽啮合。自锁装置的结构原理如图 2-37 所示，换挡拨叉轴上方有 3 个凹坑，凹坑上面有被弹簧压紧的钢球，当拨叉轴处于空挡或某一挡时，钢球压在凹坑内，起到自锁作用。

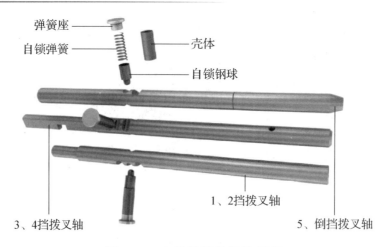

图 2-37 自锁装置的结构原理

2. 互锁装置

互锁装置用于防止同时挂上两个挡位。互锁装置的结构原理如图 2-38 所示，当中间的拨叉轴移动挂挡时，另外两个拨叉轴被钢球锁住，防止同时挂上两个挡而使变速器齿轮卡死或损坏，起到互锁作用。

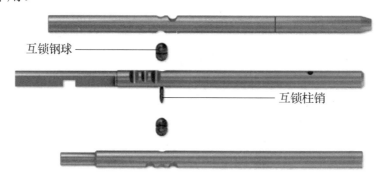

图 2-38 互锁装置的结构原理

3. 倒挡锁装置

倒挡锁装置用于防止误挂倒挡。倒挡锁装置的结构原理如图 2-39 所示，当换挡杆下端向倒挡拨叉轴移动时，只有压缩弹簧，才能进入倒挡拨叉轴上的拨块槽中。这样可以防止在汽车前进时因误挂倒挡而导致零件损坏，起到倒挡锁的作用。

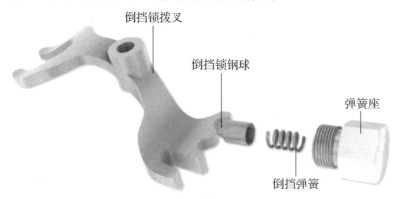

图 2-39 倒挡锁装置的结构原理

 实践知识

变速器总成的拆装、分解

图 示	步 骤
1. 拆卸换挡箱上盖	
	总成为五菱面包车变速器。拆卸换挡箱上盖
2. 拆卸变速器箱体	
	拆卸变速器延伸箱的紧固螺栓
	拆下变速器前盖延伸箱
	取下离合器分离轴承。先从保持架上卸下弹簧，再取出离合器分离轴承

图　示	步　骤
	拆卸变速器前端盖的固定螺栓
	拆下变速器前端盖
	拆卸变速器上盖的固定螺栓
	取下变速器上盖

3. 输入轴、输出轴组件拆卸

	取出输入轴、输出轴组件

图　示	步　骤
	取下直接挡（4 挡）齿轮、轴承和同步器锁环组件
	取下 3、4 挡同步器花键毂开口弹性卡簧
	取下 3、4 挡同步器接合套及花键毂等组件
	取出 3 挡齿轮及滚针轴承
	调转输出轴另一端，拆卸里程表齿轮的两个弹性卡簧及里程表齿轮

图　示	步　骤
	取出轴承卡簧
	从输出轴上取下输出轴的后轴承垫圈和钢球
	取下超速挡（5 挡）齿轮及同步器锁环组件
	取下 5 挡齿轮滚针轴承
	取下 5 挡齿轮滚针轴承轴套

图　　示	步　　骤
	用卡簧钳拆下 5 挡同步器卡簧和调整垫，取出 5 挡同步器的接合套及花键毂等组件
	取出倒挡齿轮
	取出倒挡齿轮滚针轴承
	取出倒挡齿轮滚针轴承轴套
	取出输出轴前轴承后垫圈，从轴上取出垫圈的定位钢球

图 示	步 骤
	取出输出轴前轴承（若太紧，先用拉码拉出）
	取出输出轴前轴承前垫圈，从轴上取出垫圈的定位钢球
	取出 1 挡齿轮、滚针轴承及轴套
	取出 1、2 挡同步器
	取出 2 挡齿轮及同步器锁环

图　示	步　骤
	取出 2 挡滚针轴承

4. 同步器拆卸

	用螺丝刀撬起同步器花键毂里滑块的张紧弹簧
	取出张紧弹簧。把同步器花键毂与接合套翻到另一面，用同样的方法拆出同步器滑块的张紧弹簧
	提起接合套并往下压花键毂，使两者分离
花键毂 接合套 张紧弹簧　滑块	取下滑块。 用同样的方法拆卸另外两个同步器

图　　示	步　　骤
5. 同步器装配	
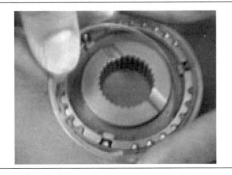	花键毂与接合套组合好后，将其平放在平台上。从花键毂的三个滑块槽口插入滑块，使张紧弹簧一端伸到花键毂上对应的孔内，其凸包应紧贴同步器滑块的凹槽，使滑块压向接合套
6. 输入轴、输出轴组合件装配	
	把输出轴竖起，以便安装其他组件
	安装 2 挡齿轮滚针轴承、2 挡齿轮及同步器锁环
	安装 1、2 挡同步器。 注意：接合套切槽端应朝向 1 挡
	安装 1 挡轴套、滚针轴承及齿轮

图　　示	步　　骤
	安装输出轴前轴承垫圈的定位钢球及垫圈。垫圈锥面朝向轴承
	安装输出轴前轴承、后垫圈及定位钢球。 注意：轴承锥面应朝向轴承
	安装倒挡齿轮轴套、滚针轴承及倒挡齿轮
	安装 5 挡同步器、调整垫片及卡簧。 注意同步器花键毂的朝向，长毂一端朝向 5 挡
	安装 5 挡齿轮轴套、滚针轴承及 5 挡齿轮

图　　示	步　　骤
	安装输出轴后轴承垫圈及定位钢球
	安装输出轴后轴承
	安装输出轴后轴承卡簧
	分别安装里程表齿轮的前卡簧、里程表齿轮及里程表齿轮的后卡簧
	把输出轴及安装好的组件平放，在输出轴前端安装3挡齿轮滚针轴承、齿轮及同步器锁环

图　　示	步　　骤
	安装 3、4 挡同步器及卡簧。 注意同步器花键毂的朝向，宽毂一端朝向 3 挡
	安装 4 挡齿轮滚针轴承
	安装 4 挡齿轮及同步器锁环等组件
	把输入轴、输出轴组件装入变速器下箱内
	给变速器各齿轮、接合套、拨叉槽及轴承涂抹适量润滑油。 各箱盖的安装顺序与拆卸顺序相反，不再赘述。 5S 管理。 结束

任务实施与评价

项　　目	评分标准	分　值	得　分
接收工作任务	明确工作任务是变速器的拆装与检修	5	
收集信息	了解变速器的组成部件	10	
	了解变速器的分类	10	
制订计划	能制订出变速器拆装与检修实训计划	10	
	能协同小组人员安排任务分工	5	
	能在计划实施前准备好本次实训的工具、器材	5	
计划实施	规范使用举升机举升车辆	10	
	拆装变速器总成	15	
	变速器检修注意事项	5	
	变速器检修要求	5	
质量检查	任务是否完成，安全意识、5S 管理是否到位	10	
评价反馈	学生是否完成了心得体会和自我评价的总结	10	
分数合计		100	
综合评价	□优秀　　□良好　　□合格　　□不合格		

任务测试

一、填空题

1. 变速器根据传动比变化方式的不同，可分为_____、_____和_____。

2. 变速器根据操纵方式的不同，可分为_____、_____和_____。

3. 大齿轮带动小齿轮，_____传动。

4. 小齿轮带动大齿轮，_____传动。

5. 传动比 i 等于_____的齿数除以_____的齿数。

6. 传动比 i 等于_____的转速除以_____的转速。

7. $i>1$，挡位为_____挡，并且 i 越大，挡位就越低。

8. $i=1$，挡位为_____挡，传动效率最高。

9. $i<1$，挡位为_____挡。

10. 手动变速器由_____和_____两大部分组成。

11. 同步器按工作原理分为_____、_____和_____，目前广泛应用的同步器是_____同步器。

12. 惯性式同步器根据锁止装置的不同，可分为_____同步器和_____同步器。

13. 锁环式惯性同步器由同步器_____、_____、_____、_____等零件组成。

14. 变速器操纵机构根据变速杆位置的不同，可分为_____和_____两种类型。

15. 换挡锁装置包括_____、_____和_____。

二、判断题

1．变速器的作用是实现变速、变矩、倒车和中断动力传动。 （   ）

2．有级式变速器采用齿轮传动，通常有 3～5 个前进挡和一个倒挡。 （   ）

3．变速器挡数即其前进挡的个数。 （   ）

4．无级式变速器简称 MT。它的传动比的变化是连续的。 （   ）

5．无级式变速器具有操作简单、油耗小、动力损失小、加速快等优点。 （   ）

6．无级式变速器在中、高级轿车上应用得越来越多。 （   ）

7．综合式变速器（自动变速器）是指由液力变矩器和行星齿轮式有级变速器组成的液力机械式变速器。 （   ）

8．手动变速器简称 AT，由驾驶员用手直接操纵换挡机构进行挡位变换。 （   ）

9．自动变速器简称 MT。它的传动比选择和换挡是自动进行的。 （   ）

10．手动自动一体变速器在高档轿车上采用得较多。 （   ）

11．普通齿轮变速器利用不同齿数的齿轮啮合传动来实现转矩和转速的改变。 （   ）

12．同步器的功用是使接合套与待啮合的齿圈迅速同步，缩短换挡时间，并且防止换挡齿轮在同步前啮合而产生换挡冲击。 （   ）

13．空挡时，每个旋转齿轮与相应的从动齿轮啮合并在轴上空转。 （   ）

14．换挡锁装置的作用：保证变速器在任何情况下都能准确、安全、可靠地工作。 （   ）

15．自锁装置用于防止变速器自动脱挡，并保证轮齿以全齿宽啮合。 （   ）

16．互锁装置用于防止同时挂上两个挡位。 （   ）

17．倒挡锁装置用于防止误挂倒挡。 （   ）

三、选择题

1．变速器能实现换挡最终是依靠改变（   ）来完成的。

    A．各对齿轮的传动比   B．发动机的转速

    C．离合器的接合程度   D．牵引力的大小

2．两对啮合齿轮的总传动比等于（   ）。

    A．两对啮合齿轮传动比之积   B．两对啮合齿轮传动比之和

    C．两对啮合齿轮传动比之差   D．两对啮合齿轮传动比之商

3．传动比大于 1 时，从动轮会（   ）。

    A．增速   B．减速

    C．与主动轮的速度相同   D．无法判断

4．传动比小于 1 时，从动轮的扭矩会（   ）。

    A．增大   B．不变   C．减小   D．可大可小

5. 两个互相啮合的齿轮，其旋转方向（　　）。

    A．相同　　　　　　　　　　　　　B．相反

    C．根据工作情况的不同而不同　　　D．无法判断

6. 三个互相啮合的齿轮，第一个与第三个的旋转方向（　　）。

    A．相同　　　　　　　　　　　　　B．相反

    C．根据工作情况的不同而不同　　　D．无法判断

7. 用来确保输出轴和变速器齿轮锁定在一起同速转动的部件被称为（　　）。

    A．拨叉　　　　　　　　　　　　　B．同步器接合套

    C．挡杆

8. 换挡操纵机构调整不当会造成（　　）。

    A．齿轮撞击　　　　　　　　　　　B．跳挡

    C．换挡困难

9. 五菱鸿途汽车变速器有（　　）。

    A．4个前进挡、一个倒挡　　　　　B．3个前进挡、一个倒挡

    C．5个前进挡　　　　　　　　　　D．5个前进挡、一个倒挡

10. 变速器自锁装置失效后可能会引起（　　）。

    A．跳挡　　　　　　　　　　　　　B．同时挂入两个挡位

    C．不同步　　　　　　　　　　　　D．无法判断

11. 五菱鸿途汽车变速器属于（　　）。

    A．两轴式变速器　　　　　　　　　B．一轴式变速器

    C．三轴式变速器　　　　　　　　　D．四轴式变速器

任务三　万向传动装置构造与检修

任务目标

素养目标：

1. 树立正确的价值观。

2. 培养良好的安全意识。

能力目标：

1. 能够正确选择并使用汽车底盘拆装工具。

2. 熟知万向传动装置各组成部分的结构。

3. 能够根据维修手册完成万向传动装置的拆装与检测。

知识目标：

1. 知道万向传动装置的功用与组成。

2. 了解常见万向节的结构类型。

3. 知道常见万向节的工作原理。

4. 学会在车上拆装万向传动装置。

情景导入

一辆 2016 年的五菱鸿途汽车到修理厂进行维修。驾驶员反映，该车底盘有异响。维修技师初步判断，车辆的万向传动装置需要进行相关检查。请根据本任务所学知识对传动系的万向传动装置进行相关检查。

知识准备

 理论知识

万向传动装置

一、万向传动装置的功用

万向传动装置的功用是在汽车上任何一对轴间夹角和相对位置经常发生变化的转轴之间传递动力。

二、万向传动装置的组成

万向传动装置一般由万向节和传动轴等组成，如图 2-40 所示。但部分汽车的发动机与驱动桥之间距离较远，需将传动轴分为两段，在其中部必须加装中间支承。

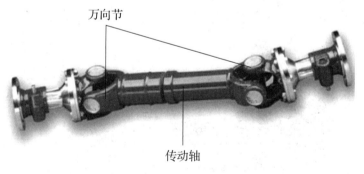

万向节

传动轴

图 2-40　万向传动装置的组成

三、常见的万向传动装置布置形式

1. 万向传动装置位于变速器与驱动桥之间

万向传动装置位于变速器与驱动桥之间如图 2-41 所示。

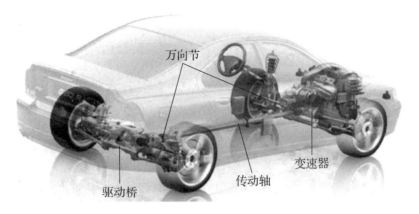

图 2-41　万向传动装置位于变速器与驱动桥之间

2. 万向传动装置位于变速器与分动器、分动器与驱动桥之间

万向传动装置位于变速器与分动器、分动器与驱动桥之间如图 2-42 所示。

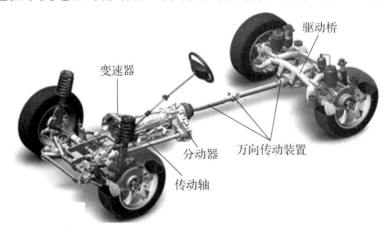

图 2-42　万向传动装置位于变速器与分动器、分动器与驱动桥之间

3. 万向传动装置位于转向驱动桥的内、外半轴之间

万向传动装置位于转向驱动桥的内、外半轴之间如图 2-43 所示。

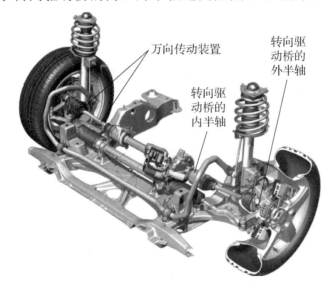

图 2-43　万向传动装置位于转向驱动桥的内、外半轴之间

4. 万向传动装置位于断开式驱动桥的半轴之间

万向传动装置位于断开式驱动桥的半轴之间如图 2-44 所示。

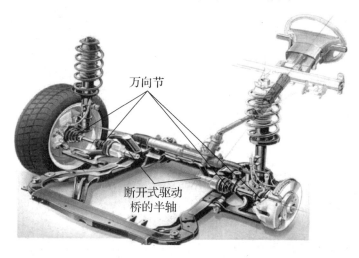

图 2-44 万向传动装置位于断开式驱动桥的半轴之间

5. 万向传动装置位于转向机构中的转向轴与转向器之间

万向传动装置位于转向机构中的转向轴与转向器之间如图 2-45 所示。

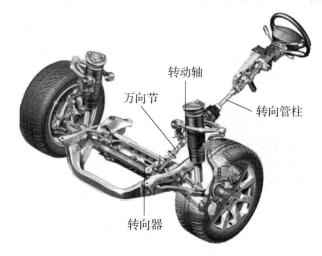

图 2-45 万向传动装置位于转向机构中的转向轴与转向器之间

四、万向节

万向节是可以实现变角度动力传递的机件,用于需要改变传动轴线方向的位置。万向节按其刚度大小分类,可分为刚性万向节和挠性万向节。

刚性万向节按其速度特性分类,可分为不等速万向节(常用的为十字轴式)、准等速万向节(双联式和三销轴式)和等速万向节(球叉式、球笼式)。目前,在汽车上应用较多的万向节是十字轴式万向节和等速万向节。

1. 十字轴式万向节

十字轴式万向节主要由万向节叉、十字轴等组成,如图 2-46 所示。两个万向节叉分别与主动轴、从动轴相连，其叉形上的孔分别套在十字轴的 4 个轴颈上。当主动轴转动时，从动轴既可随之转动，又可绕十字轴中心在任意方向上摆动，这样满足了夹角和距离同时变化的需要。

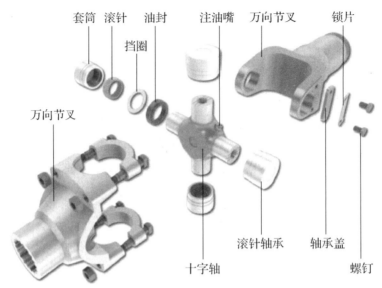

图 2-46　十字轴式万向节的组成

2. 球叉式万向节

球叉式万向节由主动叉、从动叉、4 个传动钢球、定心钢球、定位销及锁止销组成，如图 2-47 所示。球叉式万向节通常用于中、小型越野汽车的转向驱动桥中。

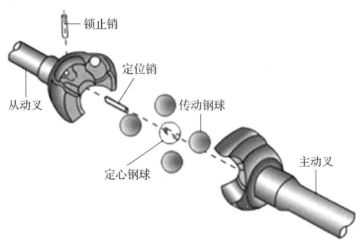

图 2-47　球叉式万向节的组成

3. 球笼式万向节

球笼式万向节主要由星形套、保持架、球形壳及钢球等组成，如图 2-48 所示。动力由中段半轴传至星形套，经 6 个钢球、球形壳输出。无论中段半轴（主动轴）和球形壳轴（从动轴）之间的夹角发生什么变化，钢球的中心都不变，始终位于两轴夹角的平分面上，并且到两轴线的距离相等，从而保证了主动轴、从动轴以相等的角速度旋转。

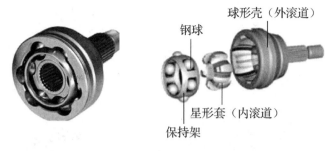

图 2-48　球笼式万向节的组成

4. 三销轴式万向节

三销轴式万向节由一根传动轴、一根枢轴、一根三销轴和三个滚针轴承等组成，如图 2-49 所示。三销轴式万向节易于密封，外形尺寸较大，零件形状较复杂，所连两轴受附加弯矩和轴向力的作用，常用于个别中、重型越野汽车的转向驱动桥。

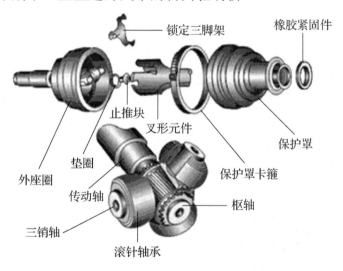

图 2-49　三销轴式万向节的组成

五、传动轴和中间支承

1. 传动轴

传动轴是连接变速器（或分动器）与驱动桥的部件。其作用是将变速器（或分动器）传来的扭矩传给驱动桥。传动轴有空心轴和实心轴之分。在传动轴的两端分别焊有内花键轴端和万向节叉，如图 2-50 所示。

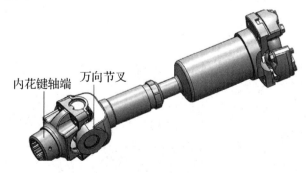

图 2-50　传动轴

2. 中间支承

传动轴分段时，应加中间支承（见图2-51）。通常中间支承被安装在车架横梁上，具有补偿由传动轴轴向和角度的变化或车架变形等所引起的位移的作用。

中间支承

图2-51　中间支承

实践知识

万向传动装置的拆装与检测

图　　示	步　　骤
1. 在车上拆装传动轴	
	（1）把车辆开入举升工位，按照举升机的操作规程把车辆举升到合适的高度
	（2）在凸缘节叉上与后桥减速器凸缘上刻接配记号
	（3）将传动轴滑动叉从变速器输出轴连接花键中抽出，取下传动轴总成。 安装过程与拆卸过程相反，对齐原来刻好的记号，以免破坏传动轴的动平衡

图　　示	步　　骤
2．十字轴万向节的拆卸	
	（1）使用卡簧钳拆下弹性挡圈
导向柱　　座套　　导向柱　　座套	（2）用虎钳推动导向柱，把十字轴的轴承座圈从座套顶出 3～4mm
	（3）用榔头敲击传动轴管上的万向节叉，拆出轴承座圈。 注意：切勿敲击传动轴管。 重复用榔头敲击传动轴管上的万向节叉，拆出轴承座圈的步骤，用同样的方法取出万向节叉另一侧的轴承座圈
虎钳	（4）拆卸凸缘节叉。首先用步骤（1）、（2）的方法顶出凸缘叉侧的轴承座圈；然后用虎钳夹住轴承座圈，敲击凸缘叉，取出轴承座圈；最后用同样的方法取出另一侧的轴承座圈
3．十字轴万向节的装配	
	（1）给十字轴的轴承座圈涂抹润滑脂。 润滑脂的规格：7022 汽车高级润滑脂或锂基高级润滑脂

图　　示	步　　骤
轴承　　十字轴	（2）涂抹好润滑脂后，把没有安装的轴承座圈套回原轴颈。 重新组装时，一定要使用新的卡环、十字轴和轴承，禁止再使用拆下的卡环、十字轴和轴承
1 2 3 4 1—榔头； 2—轴承座圈； 3—万向节叉； 4—十字轴	（3）把轴承座圈插入传动轴管叉内，用榔头敲击轴承座圈，直到它与叉面平齐为止。同时，用手将十字轴提起，使其始终位于轴承座圈内，防止轴承座圈内的滚针掉出。 注意：十字轴上的油嘴应朝向传动轴管一侧，而非凸缘节叉一侧，以便油枪顺利注入润滑脂
	（4）把相对侧的另一轴承座圈插入传动轴管叉内，用榔头通过冲子敲击轴承座圈，直到它与轴叉内卡簧槽侧面平齐为止。 敲入轴承座圈时，为避免损坏万向节的轴叉，应在轴承座圈上放一块金属板或硬质木板
4. 万向传动装置的检测	
百分表　　传动轴 V形铁	（1）传动轴弯曲度检查，用百分表检查传动轴弯曲度。 五菱汽车的传动轴弯曲度在 0.5mm 以下。东风 EQ1090 型汽车百分表的最大跳动量在 0.8mm 以下。若超过限值，则应将车辆送到专业维修厂进行校正（包括动平衡校正），或者更换新件
	（2）轴承座轴颈轴向侧隙检查，用厚薄规检查轴颈轴向侧隙，标准数值为 0～0.06mm。若该参数超过限值，应将车辆送到专业维修厂进行校正，或者更换新件

图 示	步 骤
伸缩节　花键套　百分表 台钳　传动轴花键	（3）传动轴花键齿与伸缩节花键套配合间隙的检查。最大间隙不得超过 0.4mm。若间隙过大，则应更换新件。 注意：因更换或拆检而装配伸缩节时，要使其上的十字轴与传动轴另一端的十字轴处在同一直线上
检验平板 轴承　百分表	（4）检查中间支承轴承的径向间隙。用手固定轴承内圈，用另一只手推动轴承外圈，观察百分表的跳动量。 东风 EQ1092 型载货汽车中间支承轴承的径向间隙不大于 0.8mm
百分表 平铁板 轴承 垫块	（5）检查中间支承轴承的轴向间隙。百分表表头垂直于轴承内圈表面，固定轴承外圈，推动轴承内圈，观察百分表的跳动量。 东风 EQ1092 型载货汽车中间支承轴承的径向间隙不大于 0.3mm
百分表 万向节轴承 十字轴 台钳	（6）轴承与十字轴颈配合间隙的检测。若十字轴颈与滚针轴承的配合间隙超过 0.25mm，以及轴承外圈有裂纹等，则应更换新件。 5S 管理。 结束

任务实施与评价

项　目	评 分 标 准	分　值	得　分
接收工作任务	明确工作任务是万向传动装置的拆装与检修	5	
收集信息	了解万向传动装置的组成部件	10	
	了解万向节的分类	10	
制订计划	能制订出万向传动装置拆装与检修实训计划	10	
	能协同小组人员安排任务分工	5	
	能在计划实施前准备好本次实训的工具、器材	5	
计划实施	规范使用举升机举升车辆	10	
	拆装万向传动装置	15	
	万向传动装置检修注意事项	5	
	万向传动装置检修要求	5	
质量检查	任务是否完成，安全意识、5S管理是否到位	10	
评价反馈	学生是否完成了心得体会和自我评价的总结	10	
分数合计		100	
综合评价	□优秀　　　□良好　　　□合格　　　□不合格		

任务测试

一、填空题

1. 万向传动装置一般由_____和_____等组成。

2. 常见的万向传动装置布置形式有万向传动装置位于_____与驱动桥之间。

3. 常见的万向传动装置布置形式有万向传动装置位于变速器与_____、分动器与_____之间。

4. 常见的万向传动装置布置形式有万向传动装置位于转向驱动桥的_____、_____半轴之间。

5. 常见的万向传动装置布置形式有万向传动装置位于_____的半轴之间。

6. 常见的万向传动装置布置形式有万向传动装置位于转向机构中的_____与_____之间。

7. 万向节按其刚度大小分类，可分为_____和_____。

8. 刚性万向节按其速度特性分类，可分为_____、_____和_____。

9. 不等速万向节有_____万向节。

10. 准等速万向节有_____万向节和_____万向节。

11. 等速万向节包括_____万向节和_____万向节。

12. 十字轴式万向节主要由_____、_____等组成。

13. 球叉式万向节由_____、_____、_____、_____、_____及_____组成。

14. 球笼式万向节主要由_____、_____、_____及_____等组成。

15. 三销轴式万向节由两个_____、_____和_____组成。

16. 在传动轴的两端分别焊有_____轴端和_____。

17. 传动轴有_____和_____。

18. 传动轴分段时，应加_____（通常被安装在车架横梁上）。

二、判断题

1. 万向传动装置能在汽车上任何一对轴间夹角和相对位置经常发生变化的转轴之间传递动力。（　　）

2. 万向节是可以实现变角度动力传递的机件，用于需要改变传动轴线方向的位置。（　　）

3. 当十字轴式万向节的主动轴转动时，从动轴既可随之转动，又可绕十字轴中心在任意方向上摆动。（　　）

4. 球笼式万向节通常用于中、小型越野汽车的转向驱动桥中。（　　）

5. 球叉式万向节的动力由中段半轴传至星形套，经6个钢球、球形壳输出。（　　）

6. 传动轴是连接变速器（或分动器）与驱动桥的部件。（　　）

7. 传动轴可以将变速器（或分动器）传来的扭矩传给驱动桥。（　　）

三、选择题

1. 球叉式万向节在工作时，只有（　　）钢球传力。
   A．2个　　　　　　B．3个　　　　　　C．4个　　　　　D．6个

2. 关于引起传动轴动不平衡的原因，以下说法中错误的是（　　）。
   A．传动轴上的平衡块脱落
   B．传动轴弯曲或传动轴管凹陷
   C．伸缩叉安装错位
   D．中间支承安装方法不当

任务四 驱动桥构造与检修

任务目标

素养目标：
1. 培养爱岗敬业精神。
2. 树立德行第一意识。

能力目标：
1. 能够正确选择并使用汽车底盘拆装工具。

2. 能够进行主减速器与差速器的拆装与调整。

知识目标：

1. 了解主减速器的结构。

2. 了解驱动桥的类型。

3. 学会分析差速器的工作原理。

情景导入

一辆2016年的五菱鸿途汽车到修理厂维修。驾驶员反映，该车在转弯过程中，后桥有明显异响。维修技师初步判断，车辆的驱动桥需要进行相关检查。请根据本任务所学知识对汽车的驱动桥进行相关检查。

知识准备

理论知识

驱动桥

一、驱动桥的作用与组成

1. 驱动桥的作用

驱动桥的作用：将从万向传动装置传来的发动机转矩，经减速、增扭并改变旋转方向后，传到左、右驱动轮，使左、右驱动轮以相同的转速直线行驶或以不同的转速转弯行驶。

2. 驱动桥的组成

驱动桥由主减速器、差速器、半轴、桥壳组成，如图2-52所示。

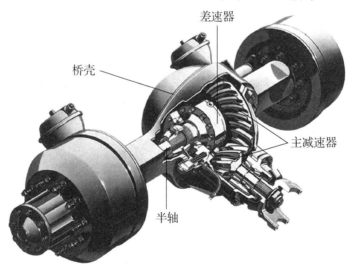

图 2-52　驱动桥的组成

二、驱动桥的类型

驱动桥按结构形式分类，可分为非断开式驱动桥和断开式驱动桥。

1. 非断开式驱动桥

非断开式驱动桥（见图 2-53）也称整体式驱动桥。当车轮采用非独立悬架时，驱动桥采用非断开式。非断开式驱动桥的驱动桥壳由中间的主减速器壳和两边与之刚性连接的半轴套管组成，通过悬架与车身或车架相连。两侧车轮被安装在此刚性桥壳上，半轴与车轮不可能在横向平面内作相对运动。当某一侧车轮通过地面的凸出物或凹坑升高或下降时，整个驱动桥及车身都要随之发生倾斜，车身波动大。

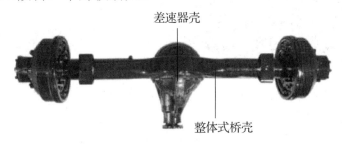

差速器壳

整体式桥壳

图 2-53　非断开式驱动桥

2. 断开式驱动桥

断开式驱动桥如图 2-54 所示。当驱动轮采用独立悬架时，两侧的驱动轮分别通过弹性悬架与车架相连，两车轮可彼此独立地相对于车架上下跳动。

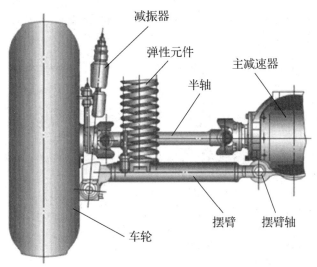

减振器

弹性元件

主减速器

半轴

车轮

摆臂　摆臂轴

图 2-54　断开式驱动桥

三、主减速器

1. 主减速器的作用

主减速器的作用是降低传动轴传来的转速，增大输出扭矩，改变旋转方向，并将动力的

传递方向改变后，再将其传给差速器，使传动轴的左右旋转变为半轴的前后旋转。（减速增扭、改变力的传递方向）

2．主减速器的结构和工作原理

主减速器由一对大小啮合锥齿轮构成，小齿轮与输出轴制成一体，大齿轮用铆钉与差速器的外壳连在一起。主减速器的结构如图2-55所示。

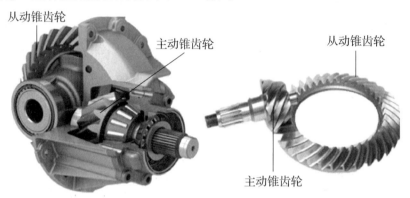

图2-55　主减速器的结构

主减速器的工作原理：依靠小齿轮带动大齿轮可以实现减速，采用圆锥齿轮传动则可以改变转矩的传递方向。

3．主减速器的分类

主减速器按减速齿轮副的级数分类，有单级主减速器和双级主减速器。

按其速比挡数分类，有单速主减速器和双速主减速器。

按其所在的位置分类，有中央主减速器和轮边主减速器。

（1）单级主减速器（见图2-56）。

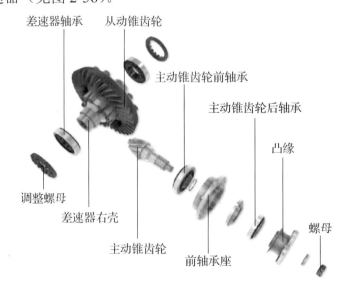

图2-56　单级主减速器

单级主减速器结构简单、体积小、质量轻、传动效率高，一般用于轿车和轻、中型货车。

（2）双级主减速器（见图2-57）。

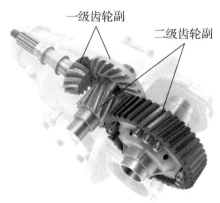

图 2-57　双级主减速器

双级主减速器可以获得较大的减速比，并且保证汽车的最小离地间隙足够大，以提高汽车的通过性。双级主减速器的传动方式：第一级为锥齿轮传动，第二级为圆柱斜齿轮传动。

四、差速器

1. 差速器的作用

差速器的作用除了把主减速器传来的动力传给驱动轮，当左、右车轮的行驶条件不同时，还能自动调整左、右驱动轮，使二者以不同的转速旋转，并保持滚动行驶状态。在汽车转弯时，差速器能够让左、右车轮以不同的速度运动。汽车转向时驱动轮的运动示意图如图2-58所示。

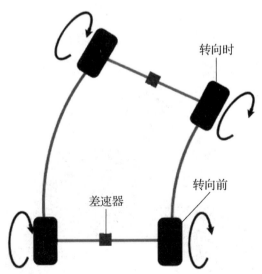

图 2-58　汽车转向时驱动轮的运动示意图

车辆在直线行驶时，两侧车轮的行驶距离是完全相同的，并无转速差异。从图2-58中可以看出，转向时，外侧车轮滚过的路程长，内侧车轮滚过的路程短。由于车轮通过的时间相等，因此要求外侧车轮的转速大于内侧车轮，即希望内、外侧车轮的转速不同。差速器可以自动调节两侧车轮的转速，从而使车辆平稳前进。

2. 差速器的结构

差速器按照其工作特性分类，可以分为普通齿轮式差速器、强制锁止式差速器、摩擦自锁式差速器和托森差速器。

1）普通齿轮式差速器

普通齿轮式差速器有四行星齿轮差速器和两行星齿轮差速器。

（1）四行星齿轮差速器。

四行星齿轮差速器主要由4个行星齿轮、1根行星齿轮轴、2个半轴齿轮和差速器壳等组成，如图2-59所示。

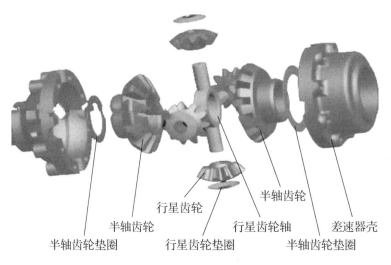

图 2-59　四行星齿轮差速器的组成

（2）两行星齿轮差速器。

两行星齿轮差速器主要由2个行星齿轮、1根一字行星齿轮轴、2个半轴齿轮和差速器壳等组成，如图2-60所示。两行星齿轮差速器适用于传递较小扭矩的、中型以下的货车或轿车。

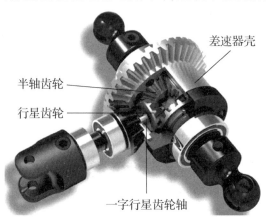

图 2-60　两行星齿轮差速器的组成

2）强制锁止式差速器

强制锁止式差速器（见图2-61）就是在行星锥齿轮差速器上装设了一个差速锁的差速器。当有需要时，由驾驶员操纵差速锁，使差速器不起差速作用，相当于把左、右半轴联锁成一个整体，破坏差速器平分扭矩的特性，以达到所需要的行驶要求。

图 2-61　强制锁止式差速器

3）摩擦自锁式差速器

摩擦自锁式差速器（见图 2-62）是在普通行星锥齿轮差速器的基础上发展而来的。它在两半轴齿轮背面与差速器壳之间各装有一套摩擦式离合器，以增加差速器内摩擦力矩。

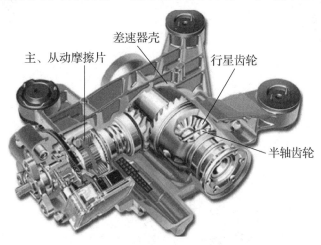

图 2-62　摩擦自锁式差速器

4）托森差速器

托森差速器（见图 2-63）是一种轴间自锁式差速器，被装在变速器后端。转矩由变速器的输出轴传给托森差速器，再由托森差速器直接分配给前驱动桥和后驱动桥。

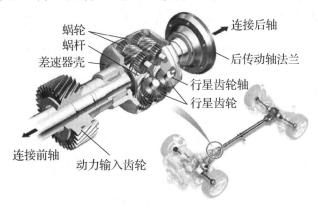

图 2-63　托森差速器

3. 差速器的工作原理

主减速器传来的动力带动差速器壳转动，经过行星齿轮轴、行星齿轮、半轴齿轮、半轴，最后传给两侧驱动轮。

1）汽车直线行驶时的工作原理

行星齿轮绕半轴齿轮转动（公转），两侧车轮以相同的速度转动，如图 2-64 所示，$n_1 = n_2 = n_0$（n_1 为左轮转速，n_2 为右轮转速，n_0 为差速器壳转速）。

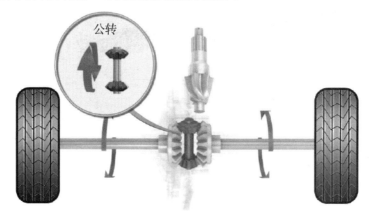

图 2-64　汽车直线行驶时，行星齿轮公转

2）汽车转向行驶时的工作原理

当汽车转向行驶时，行星齿轮在绕半轴轴线转动的同时，还绕行星齿轮轴轴线转动，有自转又有公转，如图 2-65 所示。阻力大的一侧的车轮转速小于阻力小的一侧的车轮转速，并且左、右车轮之间的转速关系为 $n_1 + n_2 = 2n_0$。

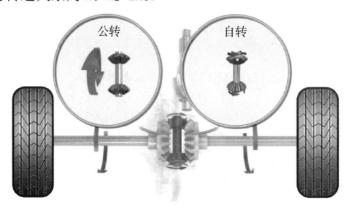

图 2-65　汽车转向行驶时，行星齿轮既公转又自转

五、半轴与桥壳

1. 半轴

半轴的功用是将差速器传来的动力传给驱动轮。因其传递的转矩较大，所以常将其制成实心轴。

现代的汽车常采用全浮式半轴支承和半浮式半轴支承两种支承形式。

1）全浮式半轴支承

全浮式半轴支承广泛应用于各种类型的载货汽车。这样的支承形式使半轴与桥壳没有直接联系。它易于拆装，只需拧下半轴凸缘上的螺钉，即可将半轴从半轴套管中抽出。全浮式半轴支承结构图如图 2-66 所示。

图 2-66 全浮式半轴支承结构图

全浮式半轴支承的特点：承受扭矩，不承受弯矩。

2）半浮式半轴支承

半浮式半轴外端的悬伸部分不仅要承受转矩，还要承受弯矩。半浮式半轴内端通过花键与半轴齿轮连接，不承受弯矩。半浮式半轴支承结构简单，广泛应用于反力和弯矩较小的各类轿车。半浮式半轴支承结构图如图 2-67 所示。

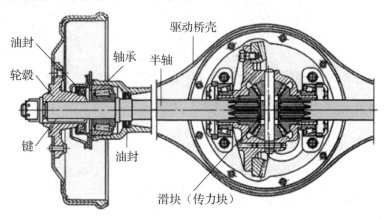

图 2-67 半浮式半轴支承结构图

半浮式半轴支承的特点：既承受扭矩，又承受弯矩。

2. 桥壳

1）桥壳的作用

桥壳的作用：支承并保护主减速器、差速器和半轴等；与从动桥一起支承汽车的重量；承受由车轮传来的各种反力及力矩，并将反力及力矩经悬架传给车架。

2）桥壳的分类

桥壳按结构分类，可分为整体式桥壳和分段式桥壳两类。

（1）整体式桥壳。

整体式桥壳的桥壳与主减速器壳分开制造，二者用螺栓连接在一起。整体式桥壳如图 2-68 所示。

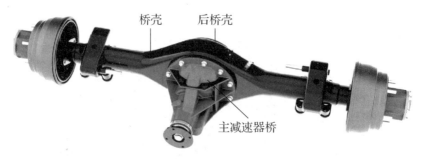

图 2-68　整体式桥壳

整体式桥壳的特点：强度、刚度较大，并且检查、拆装和调整主减速器、差速器方便。它广泛应用于轿车和轻型货车。

（2）分段式桥壳。

分段式桥壳是桥壳与主减速器壳铸成一体，并且一般分为两段，由螺栓连成一体的桥壳。如图 2-69 所示。

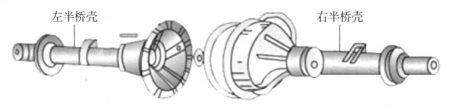

图 2-69　分段式桥壳

分段式桥壳的特点：易于铸造，加工方便，但维护不便（当拆检主减速器时，必须把整个驱动桥从汽车上拆卸下来）。分段式桥壳目前已很少采用。

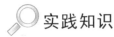实践知识

轿车主减速器和差速器的拆装与检修

图　　示	步　　骤
1. 检查后桥传动系总游隙	
	把车辆开入举升工位，按照举升机的操作规程把车辆举升到合适的高度

图　　示	步　　骤
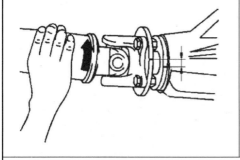 匹配记号	把变速箱换挡杆置于空挡，拉起驻车制动手柄。顺时针将传动轴转到底，打上匹配记号
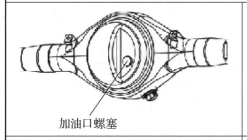	逆时针将传动轴转到底，测量匹配记号之间的距离。此距离即为后桥传动系总游隙，其极限值为 5mm。 如果后桥传动系总游隙超过极限值，则应将减速器总成拆下，并对其进行调整

2．后桥及减速器外壳发热检查

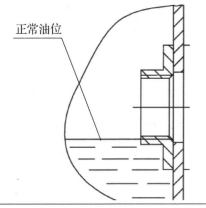 加油口螺塞	后桥及减速器外壳发热可能是轴承预紧度太大、齿轮啮合侧隙过小、润滑油不足或润滑油规格不对引起的，应及时排除故障，并经常清洁通气塞，保持气孔通畅。 检查液面，将汽车水平举至合适的高度，并拉紧驻车制动器。卸下加油口螺塞
正常油位	将手指伸进加油口，感觉油面的位置，正常油位应与加油口平齐。若油位正常，则安装并拧紧加油口螺塞，扭矩为 40～60N·m。 告诫：车辆行驶后，油温很高，应先让温度降低，再进行油位检查。用手触摸放油口螺塞，不再烫手即可

3．从车上拆下主减速器

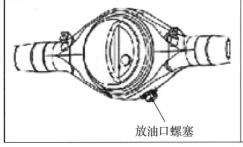 放油口螺塞	（1）卸下放油口螺塞，将油排尽，重新装上放油口螺塞，紧固扭矩为 50～70N·m

图　　示	步　　骤
	（2）拆卸半轴总成。抬升并适当支撑车辆，拆卸左、右后车轮。拆卸半轴轴承盖与后桥的连接螺栓
	（3）用专用工具拉出半轴
	（4）拆卸主减速器壳体与后桥的固定螺栓
4．分解主减速器	
标记	（1）从后桥上取下主减速器。在差速器轴承座与盖间做配对记号，使得在分解后重装时，该零件能够按原位装配
	（2）松开轴承盖螺栓，并取下轴承盖。用木棒从壳体中撬起从动锥齿轮及差速器，并将其拿下来

图　　示	步　　骤
	（3）用专用工具固定法兰盘，松开锁紧螺母，拆下的锁紧螺母不得重复使用，须更换新的螺母。在主动锥齿轮和连接法兰上做位置标记，取出连接法兰，并拉出油封
	（4）将木板垫在主动锥齿轮上，向下敲出主动锥齿轮

5. 更换主动锥齿轮的前后轴承

	（1）用专用工具拉出主动锥齿轮的后轴承内圈
	（2）用铜棒拆卸主动锥齿轮的后轴承外圈
	（3）拿出主动锥齿轮的前轴承内圈。用铜棒拆下主动锥齿轮的前轴承外圈

图　示	步　骤
	（4）用专用工具将主动锥齿轮的前轴承外圈压入壳体
	（5）用专用工具安装主动锥齿轮的前轴承外圈

6. 安装并调整主动锥齿轮

	（1）分别测出差速器轴承中心线至主动锥齿轮后轴承孔端面的距离 H、后轴承的高度 B，再根据主动锥齿轮的实际安装距 A（标注在主动锥齿轮的小端面上，如该端未标注出来，则正好是理论值 86mm），可算出调整垫片的厚度：$D=H-B-A$
主动锥齿轮后垫片	（2）把选定厚度的调整垫片（垫片数量应最少）装入主动锥齿轮，再将后轴承内圈压入，一定要压到底
不带油封的主动锥齿轮的轴承预紧度：0.4～0.7N·m	（3）主动锥齿轮轴承预紧度的调整。依次把隔套、主动锥齿轮调整垫片、前轴承内圈、连接法兰、专用螺母装入主动锥齿轮。（勿装油封）。 　将专用螺母拧到规定扭矩（170～220N·m），再检查齿轮启动力矩（轴承预紧度）。如果主动锥齿轮轴承预紧度不在 0.4～0.7N·m 范围内，则应更换预紧力调整垫片。如果主动锥齿轮轴承预紧度比标准值大，则应适当增加调整垫片的厚度；反之，则减小调整垫片的厚度

图　　示	步　　骤
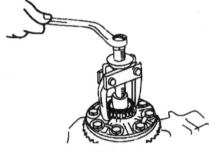	（4）再次拆下连接法兰和主动锥齿轮，使用专用工具把油封装入轴承座，在油封唇口涂上润滑脂。 　　使主动锥齿轮和连接法兰的位置标记对齐，紧固新的锁紧螺母，用专用工具在主动锥齿轮螺纹开槽处铆紧锁紧螺母。紧固锁紧螺母至规定扭矩（170～220N·m）

7. 差速器轴承预紧度及减速齿轮侧隙的调整

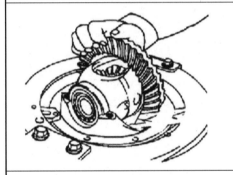	（1）差速器轴承的更换。先用专用工具拆卸差速器轴承内圈。再用压机把新的差速器轴承内圈压紧到差速器轴颈上（暂时不装垫片）
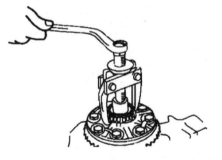	（2）把差速器总成装到轴承座内，并将之推向一侧（连接轴承外圈），测量轴承座与差速器轴承外圈端面的间隙
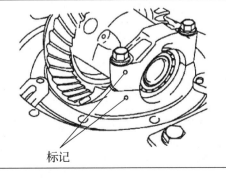	（3）再次从差速器壳上拆下轴承内圈，以便安装差速器轴承调整垫片。单侧差速器轴承调整垫片的厚度=所测间隙的一半+0.05mm（这是为保证轴承预紧度而提供的厚度）
标记	（4）根据上述单侧差速器调整垫片的厚度，选择两份调整垫片（片数要最少），分别装入差速器壳两侧，再压入轴承内圈。 　　对应位置标记装上两侧轴承盖，将连接螺栓紧到规定扭矩（拧紧力矩为35～40N·m）

图　　示	步　　骤
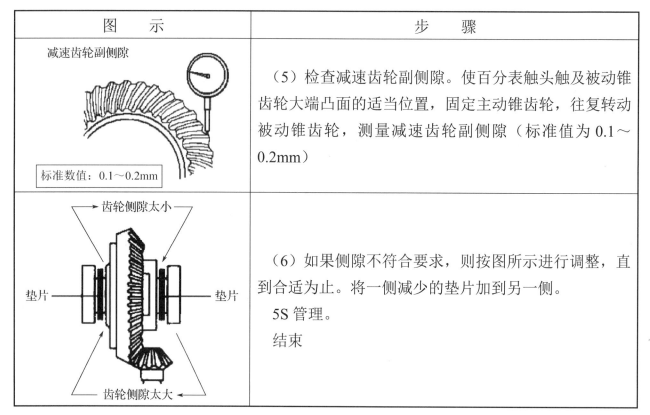	（5）检查减速齿轮副侧隙。使百分表触头触及被动锥齿轮大端凸面的适当位置，固定主动锥齿轮，往复转动被动锥齿轮，测量减速齿轮副侧隙（标准值为0.1～0.2mm）
	（6）如果侧隙不符合要求，则按图所示进行调整，直到合适为止。将一侧减少的垫片加到另一侧。 5S管理。 结束

任务实施与评价

项　　目	评 分 标 准	分　　值	得　　分
接收工作任务	明确工作任务是驱动桥的拆装与检修	5	
收集信息	了解驱动桥的组成部件	10	
	了解主减速器和差速器的分类	10	
制订计划	能制订出驱动桥拆装与检修实训计划	10	
	能协同小组人员安排任务分工	5	
	能在计划实施前准备好本次实训的工具、器材	5	
计划实施	规范使用举升机举升车辆	10	
	拆装驱动桥	15	
	驱动桥检修注意事项	5	
	驱动桥检修要求	5	
质量检查	任务是否完成，安全意识、5S管理是否到位	10	
评价反馈	学生是否完成了心得体会和自我评价的总结	10	
分数合计		100	
综合评价	□优秀　　　□良好　　　□合格　　　□不合格		

任务测试

一、填空题

1. 驱动桥由_____、_____、_____、_____组成。

2. 驱动桥按结构形式分类，可分为_____和_____。

3. 非断开式驱动桥也称_____驱动桥。

4．当车轮采用_____时，驱动桥采用非断开式。

5．当驱动轮采用_____时，两侧的驱动轮分别通过弹性悬架与车架相连。

6．主减速器按减速齿轮副的级数分类，有_____主减速器和_____主减速器。

7．主减速器按其速比挡数分类，有_____主减速器和_____主减速器。

8．主减速器按其所在的位置分类，有_____主减速器和_____主减速器。

9．差速器按照其工作特性分类，可以分为_____差速器、_____差速器、_____差速器和_____差速器。

10．普通齿轮式差速器有_____差速器和_____差速器。

11．四行星齿轮差速器主要由 4 个_____、_____、2 个_____半轴齿轮和_____等组成。

12．两行星齿轮差速器主要由_____行星齿轮、_____、2 个半轴齿轮和差速器壳等组成。

13．汽车直线行驶时，行星齿轮_____。

14．当汽车转向行驶时，行星齿轮有_____又有_____。

15．现代的汽车常采用_____支承和_____支承两种支承形式。

二、判断题

1．从万向传动装置传来的发动机转矩，经减速、增扭并改变旋转方向后，传到左、右驱动轮。　　　　　　　　　　　　　　　　　　　　　　　　（　　）

2．主减速器的作用是降低传动轴传来的转速，增大输出扭矩，改变旋转方向。（　　）

3．主减速器由一对大小啮合锥齿轮构成，小齿轮与输出轴制成一体，大齿轮用铆钉与差速器的外壳连在一起。　　　　　　　　　　　　　　　　　　　（　　）

4．单级主减速器结构简单、体积小、质量轻、传动效率高，一般用于轿车和轻、中型货车。　　　　　　　　　　　　　　　　　　　　　　　　　　（　　）

5．双级主减速器可以获得较大的减速比，并且保证汽车的最小离地间隙足够大，以提高汽车的通过性。　　　　　　　　　　　　　　　　　　　　　　　（　　）

6．双级主减速器的传动方式：第一级为锥齿轮传动，第二级为圆柱斜齿轮传动。
　　　　　　　　　　　　　　　　　　　　　　　　　　　　　　　（　　）

7．在汽车转弯时，差速器能够让左、右车轮以不同的速度运动。　　　（　　）

8．强制锁止式差速器就是在行星锥齿轮差速器上装设了一个差速锁的差速器。（　　）

9．摩擦自锁式差速器是在普通行星锥齿轮差速器的基础上发展而来的。（　　）

10．托森差速器是一种轴间自锁式差速器，被装在变速器后端。　　　（　　）

11．半轴的功用是将差速器传来的动力传给驱动轮。　　　　　　　　（　　）

12．半浮式半轴支承广泛应用于各种类型的载货汽车。　　　　　　　（　　）

13．全浮式半轴外端的悬伸部分不仅要承受转矩，还要承受弯矩。　　（　　）

14. 半浮式半轴广泛应用于反力和弯矩较小的各类轿车。　　　　　　　（　　）

15. 半浮式半轴支承的特点：承受扭矩，不承受弯矩。　　　　　　　　（　　）

16. 全浮式半轴支承的特点：既承受扭矩，又承受弯矩。　　　　　　　（　　）

17. 整体式桥壳的桥壳与主减速器壳分开制造，二者用螺栓连接在一起。（　　）

三、选择题

1. 行星齿轮差速器起作用的时刻为（　　）。

  A．汽车转向行驶　　　　　　　　　B．汽车直线行驶

  C．在A、B两种情况下都起作用　　　D．在A、B两种情况下都不起作用

2. 在单级主减速器中，从动锥齿轮两侧的圆锥滚子轴承预紧度的调整应在齿轮啮合调整
（　　）。

  A．之前进行　　　　　　　　　　　B．之后进行

  C．同时进行　　　　　　　　　　　D．之前、之后进行都可

3. 设对称式锥齿轮差速器壳的转速为 n_0，左、右两侧半轴齿轮的转速分别为 n_1、n_2，则
有（　　）。

  A．$n_1+n_2=n_0$　　　　　　　　　　B．$n_1+n_2=2n_0$

  C．$n_1+n_2=\dfrac{1}{2}n_0$　　　　　　　　D．$n_1=n_2=n_0$

4. 在汽车行驶过程中，差速器的行星齿轮自转时，汽车（　　）。

  A．一定在转弯　　　　　　　　　　B．在直线行驶

  C．行驶状态不能确定

5. 无论差速与否，差速器都具有（　　）左右传递扭矩的特性。

  A．等量　　　　　　B．不等量　　　　　　C．等量与不等量

6. 啮合印痕在从动齿轮的大端时，应使主动锥齿轮（　　）从动锥齿轮。

  A．远离　　　　　　B．靠近　　　　　　C．先靠近后远离

7. 在主减速器的所有调整项目里，应首先调整（　　）。

  A．啮合间隙　　　　B．印痕　　　　　　C．轴承预紧度

项目三

汽车行驶系构造与检修

项目描述

一、汽车行驶系的作用

（1）接收传动系传来的转矩，并将其转化为汽车行驶的驱动力，以保证汽车正常行驶。

（2）支承汽车的总重量。

（3）传递并支承路面作用于车轮上的反力及其力矩。

（4）缓和冲击和振动，保证汽车平顺行驶。

二、汽车行驶系的组成

汽车行驶系一般由车架、车桥、车轮和悬架四部分组成。汽车行驶系的组成如图 3-1 所示。

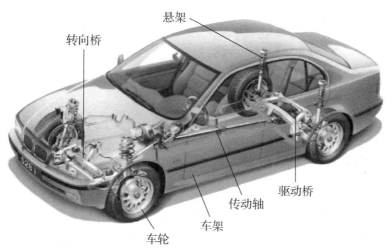

图 3-1　汽车行驶系的组成

本项目有车架与车桥构造与检修、汽车悬架构造与检修、车轮与轮胎构造与检修和汽车四轮定位 4 个学习任务。通过对本项目的学习，学生可以进一步掌握汽车行驶系的结构和工作原理，掌握汽车行驶系的检修方法，并学会使用常用工具。

任务一 车架与车桥构造与检修

任务目标

素养目标：

1. 培养爱岗敬业精神。

2. 培养良好的安全意识。

能力目标：

1. 能够对车架与车桥进行检修。

2. 熟知车架的分类。

知识目标：

1. 了解车架的功用和分类。

2. 了解车桥的作用与分类。

情景导入

一辆 2016 年的五菱鸿途汽车到修理厂进行维修。驾驶员反映，汽车在颠簸道路上行驶异响明显，并且跑偏明显。维修技师初步判断，车架与车桥需要进行相关检查。请根据本任务所学知识对车架与车桥进行相关检查。

知识准备

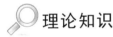理论知识

车架与车桥

一、车架

汽车车架是连接在各车桥之间形似桥梁的一种结构，是整个汽车的安装基础，俗称大梁。

1. 车架的功用和对车架的要求

1）车架的功用

车架的功用：安装汽车的各总成和部件，使它们保持正确的相对位置，并承受来自车上和地面的各种静、动载荷。

2）对车架的要求

（1）车架的结构首先应满足汽车总体布置的要求。

（2）车架应具有足够的强度和适合的刚度，以满足承受各种静、动载荷的要求。

（3）车架应结构简单，其质量应尽可能小，以便进行机件拆装、维修。

（4）车架的结构、形状应尽可能有利于降低汽车重心和获得大的转向角，以提高汽车行驶的稳定性和机动性。这一点对轿车和客车尤为重要。

2. 车架的形式构造

汽车车架按其结构形式分类，可分为边梁式车架、中梁式车架、综合式车架和无梁式车架。

1）边梁式车架

边梁式车架由左、右两根纵梁和若干根横梁组成，并通过铆钉或焊接将纵梁和横梁连接成坚固的刚性构架，便于汽车的布置，应用广泛。边梁式车架如图 3-2 所示。

2）中梁式车架

中梁式车架又称脊梁式车架，如图 3-3 所示。它由一根贯穿汽车纵向的中央纵梁和若干根横梁构成。中央纵梁的前端被做成叉形支架，用来安装发动机。主减速器壳被固定在中央中梁的尾端，形成断开式驱动桥。这种车架质量轻、重心低、刚度和强度较大、行驶稳定性好，而且车轮的运动空间足够大，前轮的转向角大，便于采用独立悬架系统，适用于封闭式传动轴。但这种车架制造工艺复杂，精度要求高，维护不便。另外，横梁是悬臂梁，弯矩大，易在根部损坏。

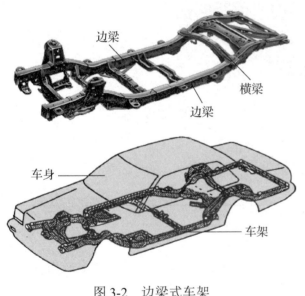

图 3-2　边梁式车架

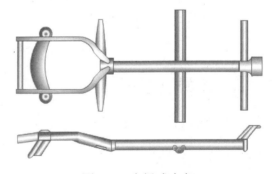

图 3-3　中梁式车架

3）综合式车架

综合式车架是由边梁式车架和中梁式车架结合而成的，如图 3-4 所示。车架前段或后段近似为边梁结构，便于分别安装发动机或驱动桥，传动轴从中梁中间穿过。这种结构的优点是可使地板的外侧高度有所降低。这种结构的缺点是中梁的断面尺寸大，导致地板中部凸起；不规则的结构增加了车架的制造难度。

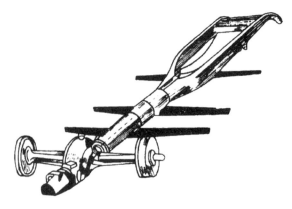

图 3-4　综合式车架

4）无梁式车架

无梁式车架（见图 3-5）以车身替代车架，主要部件连接在车身上，又称承载式车身。这种结构的车身，底板用纵梁和横梁进行加固，车身刚度较好，质量较轻，但制造要求高。许多轿车和公共汽车采用无梁式车架。

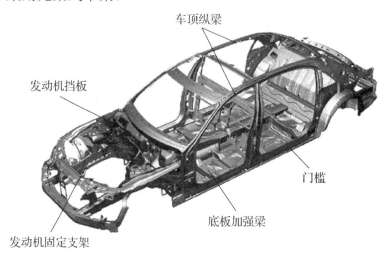

图 3-5　无梁式车架

二、车桥

1．车桥的作用与分类

（1）车桥的作用。车桥通过悬架与车架连接，支承汽车的大部分重量，并将车轮的牵引力、制动力及侧向力经悬架传给车架。

（2）车桥的分类。车桥根据悬架结构形式的不同，可分为整体桥和断开桥。采用非独立悬架的是整体桥，采用独立悬架的是断开桥。车桥根据其作用的不同，又可分为转向桥、驱动桥、转向驱动桥和支持桥 4 种类型。其中，转向桥和支持桥都属于从动桥。在后轮驱动的汽车中，前桥不仅用于承载，还兼起转向作用，称为转向桥；后桥不仅用于承载，还兼起驱动作用，称为驱动桥。越野汽车和前轮驱动汽车的前桥除了能起到承载和转向的作用，还能起到驱动的作用，所以被称为转向驱动桥。只起支撑作用的车桥被称为支持桥。

驱动桥已在讲述传动系时提到过；支持桥除不能转向外，其他功能和结构与转向桥相同。下面主要讲述转向桥和转向驱动桥。

2. 转向桥

转向桥能使装在前端的左、右车轮偏转一定的角度来实现转向，还能承受垂直载荷和由道路、制动等力产生的纵向力和侧向力以及这些力所形成的力矩。各种车型的转向桥，其结构基本相同，都包括前轴、转向节、主销和轮毂四部分。整体式转向桥如图 3-6 所示。

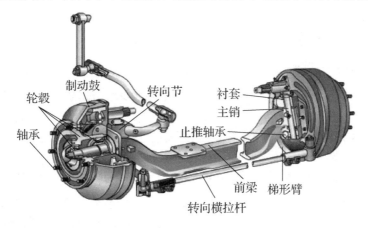

图 3-6　整体式转向桥

3. 转向驱动桥

转向驱动桥（见图 3-7）能同时实现车轮转向和驱动功能。转向驱动桥有一般驱动桥所拥有的主减速器、差速器和驱动半轴等，也有一般转向桥所拥有的转向节和主销等。为了满足既能转向又能驱动的要求，与车轮相连的半轴必须分成两段：与差速器相连的内半轴和与轮毂相连的外半轴，两者之间用等速万向节连接。另外，主销也同样分制成上、下两段，被固定在万向节的球形支座上。转向节轴制成中空的，以便外半轴从中穿过。这样既能满足转向的需要，又能实现转向节传递转矩的功能。转向驱动桥广泛应用于全轴驱动的越野汽车和部分轿车。

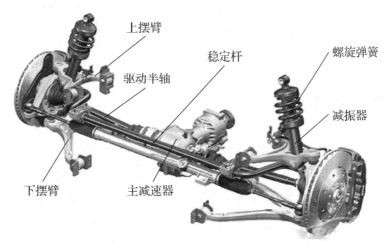

图 3-7　转向驱动桥

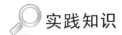 实践知识

车架的修理

一、车架变形的修理

车架弯曲、扭曲或歪斜变形超过允许值时，应进行矫正；若变形不大，则可用专用液压机具（车体矫正机）进行整体冷压矫正；若变形严重，则可将车架拆散，对纵梁、横梁分别进行矫正，然后重新铆合，必要时可采用中性氧化焰或木炭火将变形部位局部加热至暗红色，再进行热矫正（加热温度不得超过 700℃，以免影响车架的性能）。

二、车架裂纹的修理

（1）焊前准备。用砂布或钢丝刷等将裂纹附近清洗干净；在裂纹端头前方 10mm 处钻一直径为 3～6mm 的止裂孔，以防裂纹断续扩展；用手砂轮在裂纹处开 V 形坡口。

（2）施焊。用反极直流焊接法焊接；焊接电流为 100～140A；焊接电弧应尽量短些；采用直径为 4mm 的 J526 焊条，焊条与其运动方向成 20°～30°倾角；堆焊高度不超过基体平面 1～2mm；焊后要挫平焊缝，修磨光滑。

（3）用腹板加强。裂纹较长或在受力较大的部位时，焊后应用腹板进行加强。腹板可用焊接与铆接结合的方法固定到车架上，应先焊后铆。

三、车架的重铆

当车架上的铆钉出现松动或被剪断时，应用直径略小于铆钉的钻头钻除铆钉，并重新进行铆合。铆合可采用冷铆或热铆。冷铆质量较高，但需使用大功率铆合设备，其铆合力较大。热铆是先将铆钉放入炉中，并将其加热到樱红色（1000～1100℃）；然后用气动铆枪或手锤铆合。热铆因铆合力较小，故应用较广。铆合后，铆钉与铆接面应紧密贴合，缝隙不得超过 0.05mm，铆钉头应无裂纹、歪斜、残缺等现象，原设计中用铆钉连接的部位不得用螺栓代替。

四、车架附件的修理

当车架上各支架、托架出现明显变形及裂纹时，应更换新件。当车架上各支架、托架出现连接松动时，应重新铆接或紧固。当后拖钩磨损严重、出现裂损或缓冲弹簧断裂时，应更换新件。当牵引钩轴向松旷时，应对缓冲弹簧进行调整。当后拖钩与衬套的配合间隙过大时，应更换新衬套。当锁扣开闭不灵活或不能可靠锁止时，应更换新件。

车桥的检查与调整

（1）转向节的检查与调整：裂纹检查（转向节裂纹长度应小于40mm）、轴径检查（转向节轴径的磨损长度用内径量表及外径千分尺进行测量，轮毂外轴承与轴颈的配合间隙应不大于0.040mm，轮毂内轴承与轴颈的配合间隙应不大于0.055mm，转向节轴颈的磨损长度过大时应更换新件）、锁止螺纹检查（转向节锁止螺纹损坏不多于2牙）、主销衬套更换（转向节主销衬套磨损长度大于0.15mm）。

（2）前轴的检查与调整：钢板弹簧座平面检查（钢板弹簧座平面的磨损长度大于2mm，钢板弹簧座定位孔的直径大于1mm，堆焊加工或更换新件）、主销承孔检查（轿车主销承孔的直径不大于0.1mm，货车主销承孔的直径不大于0.2mm，否则，可用镶套法或修理尺寸法对主销承孔进行修复，或者更换新件）。

任务实施与评价

项　　目	评分标准	分　值	得　　分
接收工作任务	明确工作任务是车架与车桥的检修	5	
收集信息	了解车架的组成部件	10	
	了解车桥的分类	10	
制订计划	能制订出车架与车桥检修实训计划	10	
	能协同小组人员安排任务分工	5	
	能在计划实施前准备好本次实训的工具、器材	5	
计划实施	规范使用举升机举升车辆	10	
	对车架与车桥进行检测	15	
	车架与车桥检修注意事项	5	
	车架与车桥检修要求	5	
质量检查	任务是否完成，安全意识、5S管理是否到位	10	
评价反馈	学生是否完成了心得体会和自我评价的总结	10	
分数合计		100	
综合评价	□优秀　　□良好　　□合格　　□不合格		

任务测试

一、填空题

1. _____是整个汽车的安装基础，俗称大梁。

2. 汽车车架按其结构形式分类，可分为_____车架、_____车架、_____车架和_____车架。

3. _____车架由左、右两根纵梁和若干根横梁组成。

4. _____车架又称脊梁式车架。

5. _____车架是由_____车架和_____车架结合而成的。

6. _____车架又称承载式车身。

7. 车桥根据悬架结构形式的不同，可分为_____和_____。

8. 车桥根据其作用的不同，可分为_____、_____、_____和_____ 4 种类型。

9. 转向桥由_____、_____、_____和_____四部分组成。

10. _____能同时实现车轮转向和驱动功能。

二、判断题

1. 车架的功用是安装汽车的各总成和部件。（　　）

2. 车架的结构首先应满足汽车总体布置的要求。（　　）

3. 车架应具有足够的强度和适合的刚度。（　　）

4. 车架应结构简单，其质量应尽可能大，以便进行机件拆装、维修。（　　）

5. 中梁式车架制造工艺复杂，精度要求高，维护不便。（　　）

6. 综合式车架中间梁的断面尺寸大，导致地板中部凸起。（　　）

7. 无梁式车架车身刚度较好，质量较轻，但制造要求高。（　　）

8. 许多轿车和公共汽车均采用无梁式车架。（　　）

9. 采用非独立悬架的是整体桥，采用独立悬架的是断开桥。（　　）

10. 前桥不仅用于承载，还兼起转向作用，称为转向桥。（　　）

11. 后桥不仅用于承载，还兼起驱动作用，称为驱动桥。（　　）

12. 只起支撑作用的车桥被称为驱动桥。（　　）

13. 转向驱动桥广泛应用于全轴驱动的越野汽车和部分轿车。（　　）

任务二　汽车悬架构造与检修

任务目标

素养目标：

1. 培养爱岗敬业精神。

2. 培养良好的团队合作能力。

能力目标：

1. 能够正确选择并使用汽车底盘拆装工具。

2. 熟知汽车悬架各组成部分的结构。

3. 能够对汽车悬架进行拆装、检查与维修。

知识目标：

1. 了解汽车悬架系统的作用与基本组成。

2. 学会分析双向作用筒式减振器的工作原理。

3. 学会拆装前悬架。

一辆 2016 年的五菱鸿途汽车到修理厂进行维修。驾驶员反映，汽车在颠簸道路上行驶异响明显，并且倾斜很严重。维修技师初步判断，汽车悬架需要进行相关检查。请根据本任务所学知识对汽车悬架进行相关检查。

知识准备

汽车悬架

汽车悬架就是车架（或车身）与车桥（或车轮）之间的一切传力连接装置的总称。其作用是弹性地连接车桥与车架（或车身），缓和车辆在行驶中受到的由不平路面引起的冲击力，保证乘员乘坐舒适和货物完好；迅速衰减由弹性系统引起的振动，传递垂直、纵向、侧向反力及其力矩；导向，使车轮按一定轨迹相对车身运动。

一、汽车悬架的基本组成

汽车悬架一般由弹性元件、减振器和导向机构（横向稳定杆、摆臂、纵向推力杆等）三部分组成，如图 3-8 所示。

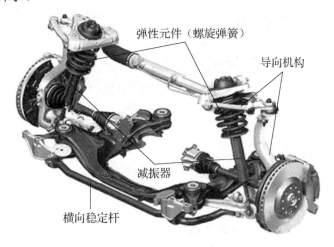

图 3-8　汽车悬架的基本组成

1. 弹性元件

弹性元件的作用是使车架（或车身）与车桥（或车轮）之间实现弹性连接，和弹性的充气轮胎一起缓和不平路面对车辆的冲击，提高乘员的舒适性，避免货物损伤，延长汽车的使用寿命。汽车悬架系统所用的弹簧主要有钢板弹簧、螺旋弹簧、扭杆弹簧、油气弹簧和空气弹簧等。

1) 钢板弹簧

钢板弹簧是由若干片等宽但不等长（厚度可以相等，也可以不相等）的合金弹簧片组合而成的一根近似等强度的弹性梁（见图3-9）。钢板弹簧在纵向安置时具有导向能力，所以采用纵置钢板弹簧的悬架不必另设独立的导向机构。多片钢板弹簧变形时，各片之间有相对滑动而产生摩擦，可以衰减车身的振动，因而在对舒适性要求不高的钢板弹簧悬架中，不安装减振器，以简化结构。

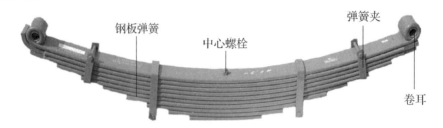

图3-9　钢板弹簧

2）螺旋弹簧

和钢板弹簧比较，螺旋弹簧具有以下优点：无须润滑，不忌污泥；安置所需的纵向空间不大；弹簧本身质量轻。但螺旋弹簧只能承受垂直载荷，故必须装设导向机构以传递垂直力以外的各种力和力矩。另外，螺旋弹簧本身没有减振作用，因此在螺旋弹簧悬架中必须另装减振器。螺旋弹簧如图3-10所示。

图3-10　螺旋弹簧

3）扭杆弹簧

扭杆弹簧本身是一根由弹簧钢制成的杆，如图3-11所示。扭杆断面通常为圆形，少数为矩形或管形。其两端可以做成花键、方形、六角形或带平面的圆柱形等，以便将一端固定在车架上，将另一端固定在悬架的摆臂上。摆臂则与车轮相连。当车轮跳动时，摆臂便绕着扭杆轴线摆动，使扭杆产生扭转弹性变形，借以保证车轮与车架的弹性联系。有的扭杆由一些具有矩形断面的薄条（扭片）组合而成，这样，弹簧更为柔软。扭杆弹簧单位质量的储能量是钢板弹簧的3倍，比螺旋弹簧高。因此，扭杆弹簧悬架质量较轻，结构比较简单，也不需润滑，并且通过调整扭杆弹簧固定端的安装角度，易实现车身高度的自动调节。此外，扭杆弹簧在汽车上的布置比较方便。它可以纵向布置，也可以横向布置。纵向布置时，可以方便地安装满足设计要求长度的扭杆，以保证悬架具有良好的性能。

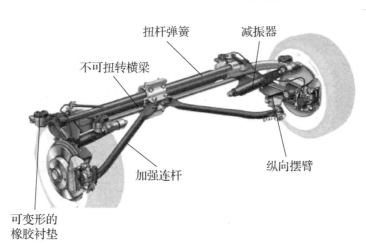

图 3-11　扭杆弹簧

4）油气弹簧

油气弹簧（见图 3-12）是以高压惰性气体（一般为氮气）作为弹性介质、以油液作为传力介质的气体弹簧。它利用气体的可压缩性来实现弹簧的缓冲作用。

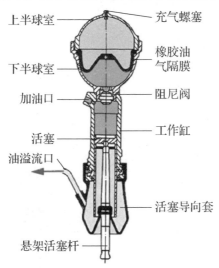

图 3-12　油气弹簧

5）空气弹簧

空气弹簧一般用于电子悬架系统中。它以压缩空气作为弹性介质，利用气体的可压缩性实现弹簧的缓冲作用。空气弹簧又分为囊式空气弹簧和膜式空气弹簧，如图 3-13 所示。

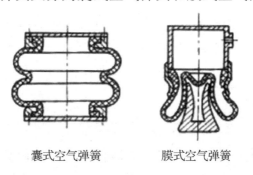

图 3-13　空气弹簧

2. 减振器

减振器的作用：弹性系统受到冲击会产生振动，持续的振动容易使乘员感到不舒适或疲劳，为了尽快使弹性系统的振动迅速衰减，改善汽车行驶的平顺性，在悬架中安装减振器。减振器有液力式减振器、充气式减振器和阻力可调式减振器。这里主要讲述液力式减振器。目前，汽车广泛采用的液力式减振器为筒式液力式减振器。该减振器能在压缩和伸张两个行程内起减振作用，故被称为双向作用筒式减振器。

双向作用筒式减振器一般有 4 个阀：流通阀、补偿阀、压缩阀、伸张阀。流通阀和补偿阀是一般的单向阀，二者的弹簧很弱。当阀上的油压作用力与弹簧力同向时，阀处于关闭状态；当阀上的油压作用力与弹簧力反向时，只要有很小的油压，阀便能开启。压缩阀和伸张阀是卸载阀，二者的弹簧较强，预紧力较大。只有当油压升高到一定程度时，阀才能开启。双向作用筒式减振器的工作原理如图 3-14 所示。

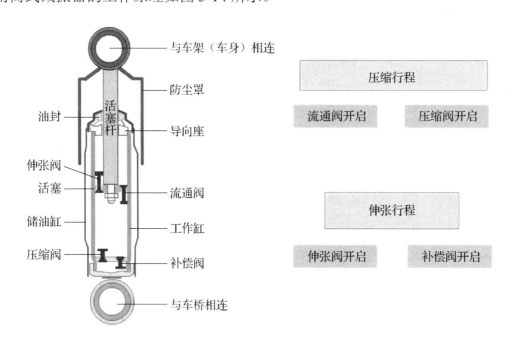

图 3-14　双向作用筒式减振器的工作原理

1）压缩行程的工作原理

当车轮滚上凸起和滚出凹坑时，车轮移近车架（车身），减振器受压缩，减振器活塞下移。活塞下面的腔室（下腔）容积减小，油压升高，油液经流通阀流到活塞上面的腔室（上腔）。由于上腔被活塞杆占去一部分空间，上腔增加的容积小于下腔减小的容积，故还有一部分油液推开压缩阀，流回储油缸。这些阀对油液的节流作用便造成对悬架压缩运动的阻尼力。

2）伸张行程的工作原理

当车轮滚进凹坑或滚离凸起时，车轮相对车身移开，减振器受拉伸，减振器活塞上移。活塞上腔油压升高，流通阀关闭。上腔内的油液便推开伸张阀流入下腔。同样地，由于活塞杆的存在，自上腔流来的油液还不足以占满下腔所增加的容积，下腔内产生一定的真空度，这时储油缸中的油液便推开补偿阀流入下腔进行补充。这些阀对油液的节流作用对悬架的伸张运动形成阻尼力。

3. 横向稳定杆

1）横向稳定杆的作用

横向稳定杆的作用是防止车身在转向等情况下发生过大的横向倾斜。横向稳定杆的位置如图 3-15 所示。由弹簧钢制成的横向稳定杆呈扁平的 U 形，被横向安装在汽车的前端或后端。横向稳定杆的中部自由地支撑在两个被固定在桥壳上的橡胶套筒内。横向稳定杆两侧纵向部分的末端与下臂上的弹簧支座相连。

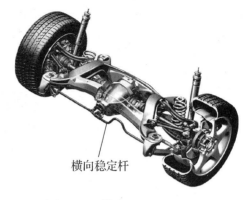

横向稳定杆

图 3-15　横向稳定杆的位置

2）横向稳定杆的工作原理

当车身只作垂直移动而两侧悬架的变形相等时，横向稳定杆在橡胶套筒内自由转动，不起作用。当两侧悬架的变形不等而车身相对路面横向倾斜时，车架的一侧移近弹簧支座，横向稳定杆的该侧末端就相对车架向上移；而车架的另一侧远离弹簧支座，横向稳定杆的该侧末端相对车架向下移。然而，在车身和车架倾斜时，横向稳定杆的中部对于车架并无相对运动。这样，在车身倾斜时，横向稳定杆两边的纵向部分向不同方向偏转，横向稳定杆便被扭转，弹性的横向稳定杆所产生的扭转的内力矩就妨碍了悬架弹簧的变形，起到了阻止车身倾斜的作用，从而减小了车身的横向倾斜和横向角振动。

二、汽车悬架的分类

1. 按照汽车导向机构分类

汽车悬架按照汽车导向机构分类，可分为非独立悬架（见图 3-16）和独立悬架（见图 3-17）。非独立悬架的结构特点是两侧的车轮由一根整体式车桥相连，车轮连同车桥一起通过弹性悬架与车架（或车身）连接。当一侧车轮因道路不平而发生跳动时，必然导致另一侧车轮在汽车横向平面内发生摆动。

图 3-16　非独立悬架

图 3-17　独立悬架

2. 按照控制方式分类

汽车悬架按照控制方式分类，可分为被动悬架（见图 3-18）和主动悬架（见图 3-19）。传统的机械控制属于被动控制，即汽车的状态只能被动地取决于路面、行驶状况，以及汽车的弹性元件、减振器和导向机构等机械部件。主动控制采用电子控制技术，能根据路面和行驶状况，自动调节悬架刚度和阻尼，控制汽车的振动和状态，使汽车平顺行驶。

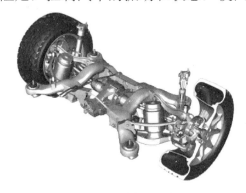

图 3-18　被动悬架

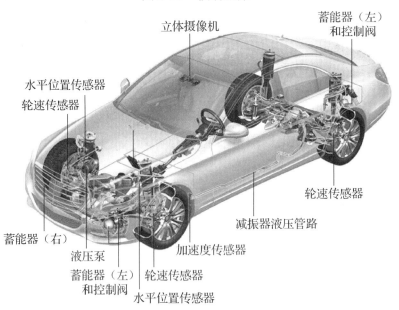

图 3-19　主动悬架

三、非独立悬架与独立悬架

1. 非独立悬架

非独立悬架因结构简单、工作可靠，广泛应用于货车的前、后悬架。国产微型客货车的后桥基本上都采用钢板弹簧式非独立悬架。在现代轿车中，很少采用非独立悬架。非独立悬架根据所采用的弹性元件的不同，可分为钢板弹簧式非独立悬架、螺旋弹簧式非独立悬架和空气弹簧式非独立悬架。

1）钢板弹簧式非独立悬架

图 3-20 所示为钢板弹簧式非独立悬架。钢板弹簧纵向安置，中部用两个 U 形螺栓固定在

前轴的工字梁上。钢板弹簧的主片（最上面的一片）的两端弯成卷耳，内装轴衬。前端卷耳用钢板弹簧销与前支架相连，形成固定的铰链支点；而后端卷耳则通过前板簧吊耳销与用铰链挂在吊耳支架上可以自由摆动的吊耳连接，从而保证了弹簧变形时两卷耳中心线间的距离可变。各弹簧片用中心螺栓连接，并用若干个弹簧夹定位，以防钢板弹簧反向变形，防止车轮跳动时各弹簧片分开，避免主片单独承载车上的全部载荷，此外，还可防止各弹簧片横向相对滑动。当钢板弹簧在载荷作用下变形时，各弹簧片之间因相对滑动而产生摩擦，可以促进车架振动的衰减。

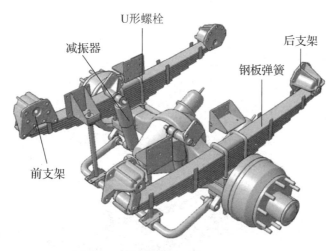

图 3-20　钢板弹簧式非独立悬架

2）螺旋弹簧式非独立悬架

螺旋弹簧式非独立悬架（见图 3-21）具有纵向布置方便、便于维护和保养的特点，一般只用作轿车的后悬架。两端车轮用整体式后桥相连，纵向上、下推力杆的一端和车桥被固定在一起，另一端头部有孔，里边装有橡胶衬套，连接螺栓穿过橡胶衬套中间的孔和车身相连，并形成铰链点。在汽车行驶过程中，整个后轴可以通过纵向上、下推力杆和车身连接的铰链点进行纵向摆动。由于铰链点处的橡胶衬套有一定的厚度和长度，橡胶本身又有弹性，所以后轴在铰链点摆动时，根据受力方向不同，橡胶衬套可以在各个方向产生较小的变形来防止运动干涉。左、右螺旋弹簧的间距应尽可能大，以提高悬架的横向角刚度。横向导杆是用来传递车轴和车身之间的横向作用力及其力矩的。

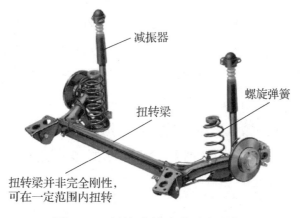

图 3-21　螺旋弹簧式非独立悬架

3）空气弹簧式非独立悬架

图3-22所示为空气弹簧式非独立悬架。空气弹簧的上、下端分别被固定在车架和车桥（或与车桥相连的支架）上。压缩机产生的压缩空气经油水分离器和压力调节器进入储气筒。压力调节器可使储气筒中的压缩空气保持一定的压力。储气罐通过管路与两个及以上的空气弹簧相通。储气罐和空气弹簧中的空气压力由车身高度控制阀控制。空气弹簧和螺旋弹簧一样只能传递垂直力，其纵向力和横向力及其力矩也是由纵向推力杆和横向推力杆来传递的。车身高度控制阀被固定在车架上，通过控制杆与车桥相连。阀体内有两个阀：通气源的通气阀和通大气的放气阀。这两个阀均由控制杆操纵。当汽车载荷增大、车桥移近车架时，控制杆上升，通过摇臂机构打开充气阀，压缩空气便进入空气弹簧，使车架和车身升高，直到恢复车身与车桥的原定距离为止；而当载荷减小、车桥远离车架时，控制杆下移，放气阀打开，空气弹簧内的空气排入大气，车身和车架的高度随即降低至原定数值。

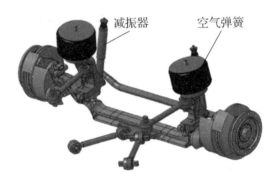

图3-22　空气弹簧式非独立悬架

2. 独立悬架

独立悬架采用的车桥是断开式的。两侧车轮分别独立地与车架或车身弹性连接，当一侧车轮受到冲击时，其运动不会影响另一侧车轮。独立悬架根据车轮运动形式的不同，可以分为横臂式独立悬架、纵臂式独立悬架、多连杆独立悬架、烛式悬架和麦弗逊式独立悬架等。

1）横臂式独立悬架

车轮可以在汽车横向平面内摆动的悬架被称为横臂式独立悬架，如图3-23所示。横臂式独立悬架可分为单横臂式独立悬架和双横臂式独立悬架。单横臂式独立悬架结构简单，多应用在后悬架上，但由于不能适应高速行驶的要求，目前已应用不多。

双横臂式独立悬架按上下横臂是否等长分类，可分为等长双横臂式独立悬架和不等长双横臂式独立悬架。等长双横臂式独立悬架在车轮上下跳动时，能保持主销倾角不变，但轮距变化大（与单横臂式独立悬架类似），易造成轮胎磨损严重，现已很少采用。不等长双横臂式独立悬架如图3-24所示。如两臂长度选择适当，可以使车轮和主销的角度，以及轮距的变化都不太大，不大的轮距变化在轮胎较软时可以由轮胎变形来适应。不等长双横臂式独立悬架在轿车前轮上的应用较为广泛。

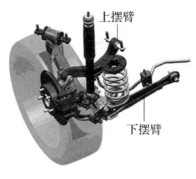

图 3-23　横臂式独立悬架

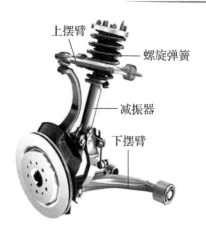

图 3-24　不等长双横臂式独立悬架

2）纵臂式独立悬架

车轮可以在汽车纵向平面内摆动的悬架被称为纵臂式独立悬架。纵臂式独立悬架可分为单纵臂式独立悬架（见图 3-25）和双纵臂式扭杆弹簧独立悬架（见图 3-26）。当转向轮采用单纵臂式独立悬架时，车轮上下跳动将使主销后倾角产生很大的变化。因此，单纵臂式独立悬架多用于不转向的后轮。单纵臂式独立悬架的弹性元件为螺旋弹簧。

双纵臂式扭杆弹簧独立悬架的两个纵臂长度相等，形成平行四连杆机构。这样，在车轮上下跳动时，主销后倾角保持不变，故这种形式的悬架适用于转向轮。双纵臂式扭杆弹簧独立悬架的转向节和两个等长的纵臂为铰链式连接。在车架的两根管式横梁内部都装有若干层具有矩形断面的薄弹簧钢片叠成的扭杆弹簧。两根扭杆弹簧的内端用螺钉固定在横梁的中部，而外端则插入纵臂轴的矩形孔内。纵臂轴用衬套支撑在管式横梁内。纵臂轴和纵臂为刚性连接。另一侧车轮的悬架与之完全相同而且对称。

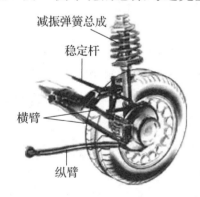

图 3-25　单纵臂式独立悬架

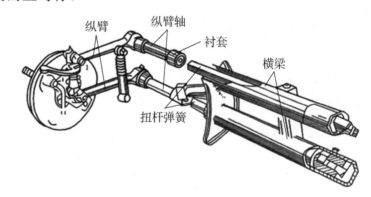

图 3-26　双纵臂式扭杆弹簧独立悬架

3）多连杆独立悬架

多连杆独立悬架（见图 3-27）是车轮可以在由摆臂、推力杆等多杆件共同决定的斜向平面内摆动的悬架。多连杆独立悬架能使车轮绕着与汽车纵轴线成一定角度的轴线摆动，是横臂式独立悬架和纵臂式独立悬架的综合方案。适当地选择纵臂轴线与汽车纵轴线所成的夹角，可不同程度地获得横臂式独立悬架与纵臂式独立悬架的优点，能满足不同的使用性能要求。多连杆独立悬架的不足之处是在汽车高速行驶时有轴摆动现象。

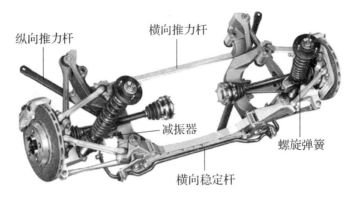

纵向推力杆　横向推力杆　减振器　螺旋弹簧　横向稳定杆

图 3-27　多连杆独立悬架

4）烛式悬架

烛式悬架如图 3-28 所示。其结构特点是车轮沿主销轴线上下移动。当悬架变形时，主销位置和定位角不会发生变化，仅轮距、轴距稍有变化，因此采用这种悬架的汽车的操纵性和稳定性良好。烛式悬架的缺点：汽车行驶时的侧向力会全部由套在主销套筒内的主销承受，致使主销套筒与主销间的摩擦阻力加大，磨损也较严重。烛式悬架现已应用不多。

图 3-28　烛式悬架

5）麦弗逊式独立悬架

麦弗逊式独立悬架（见图 3-29）又称滑柱摆臂式独立悬架，目前是广泛应用于发动机前置前轮驱动轿车的前悬架。麦弗逊式独立悬架由减振器、螺旋弹簧、横摆臂和横向稳定杆等组成。减振器与螺旋弹簧装于一体，作为引导车轮跳动的滑柱，有的还兼起转向主销的作用。采用这种悬架的汽车前端空间大，有利于发动机布置，并可降低整车的重心。

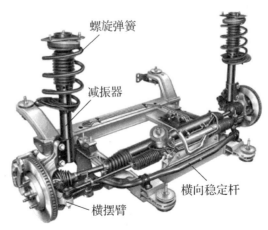

螺旋弹簧　减振器　横向稳定杆　横摆臂

图 3-29　麦弗逊式独立悬架

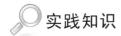 实践知识

拆装前悬架

图　　示	步　　骤
1. 拆下前轮总成	
	把车辆开入举升工位，按照举升机的操作规程把车辆举升到合适的高度。 　拆下前轮总成
2. 拆卸前悬架	
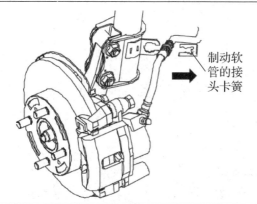 制动软管的接头卡簧	取下制动软管的接头卡簧，使制动软管与减振器分离
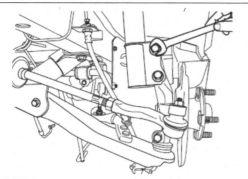	拆卸前悬架与转向节的连接螺栓
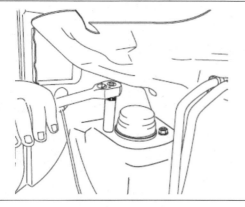	拆下前悬架支座合件上的两个自锁螺母，注意保护前减振器及螺旋弹簧总成，避免其跌落。 　取下前悬架及螺旋弹簧总成

图　　示	步　　骤
	用弹簧压缩器压缩螺旋弹簧，直到螺旋弹簧与弹簧座之间不再有作用力
	取下粘在前悬架支座上的防尘帽,用开口为58mm的扳手夹住止动器毂架 1 的上口，松开减振器活塞杆的顶端螺母 2
	依次取下防尘盖 1、螺母 2、垫圈 3、止动器毂架 4、弹簧上支座 5、缓冲块 6、支撑托盘 7、平面轴承 8、弹簧上座焊合件 9、衬垫 10、缓冲块及防尘罩 11、螺旋弹簧 12,并检查弹簧下支座 13 等零部件的工作状况。如果状况不佳，则必须更换新件

3．安装前悬架

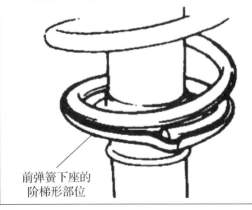

前弹簧下座的阶梯形部位

安装按拆卸的相反顺序进行。

注意事项：

（1）螺旋弹簧下端点与前弹簧下座的阶梯形部位配合

图　　示	步　　骤
	（2）前弹簧上座合件 1 上的箭头印记应正对前减振器总成底部的转向节支架 2 的槽口中心。 平面轴承一定要安装到位
	（3）前减振器支座合件 1 的锁紧螺母 2 的紧固力矩为 60～70N·m。 安装前悬架支座合件的两个锁紧螺母，注意保护前减振器及螺旋弹簧总成，避免其跌落
锁紧螺母	（4）前悬架支座合件两个锁紧螺母经拆下重新安装时必须使用新的锁紧螺母
	（5）安装前减振器与转向节的连接螺栓。前减振器与转向节的连接螺栓的紧固力矩为 85～95N·m。 5S 管理。 结束

任务实施与评价

项 目	评 分 标 准	分 值	得 分
接收工作任务	明确工作任务是前悬架的拆装与检修	5	
收集信息	了解汽车悬架的组成部件	10	
	了解汽车悬架的分类	10	
制订计划	能制订出前悬架拆装与检修实训计划	10	
	能协同小组人员安排任务分工	5	
	能在计划实施前准备好本次实训的工具、器材	5	
计划实施	规范使用举升机举升车辆	10	
	拆装前悬架	15	
	前悬架检修注意事项	5	
	前悬架检修要求	5	
质量检查	任务是否完成，安全意识、5S 管理是否到位	10	
评价反馈	学生是否完成了心得体会和自我评价的总结	10	
分数合计		100	
综合评价	□优秀　　□良好　　□合格　　□不合格		

任务测试

一、填空题

1. 汽车悬架一般由_____、_____和_____三部分组成。

2. 汽车悬架系统所用的弹簧主要有_____、_____、_____、_____和_____等。

3. 双向作用筒式减振器能在_____和_____两个行程内起减振作用。

4. 双向作用筒式减振器一般有 4 个阀：_____、_____、_____和_____。

5. 汽车悬架按照汽车导向机构分类，可分为_____和_____。

6. 汽车悬架按照控制方式分类，可分为_____和_____。

7. 独立悬架根据车轮运动形式的不同，可以分为横臂式独立悬架、_____独立悬架、_____独立悬架、_____悬架和_____独立悬架等。

8. 车轮可以在汽车横向平面内摆动的悬架被称为_____独立悬架。

9. 横臂式独立悬架可分为_____式独立悬架和_____式独立悬架。

10. 车轮可以在汽车纵向平面内摆动的悬架被称为_____独立悬架。

11. 纵臂式独立悬架可分为_____独立悬架和_____扭杆弹簧独立悬架。

12. 广泛应用于发动机前置前轮驱动轿车的前悬架是_____独立悬架。

13. 麦弗逊式独立悬架由_____、_____、_____和_____等组成。

14. 空气弹簧有_____和_____。

15．汽车减振器有_____、_____和_____。

16．非独立悬架根据所采用的弹性元件的不同，可分为_____、_____和_____。

二、判断题

1．汽车悬架就是车架与车桥之间的一切传力连接装置的总称。 （　　）

2．钢板弹簧是由若干片等宽但不等长的合金弹簧片组合而成的一根近似等强度的弹性梁。 （　　）

3．钢板弹簧在纵向安置时具有导向能力，所以采用纵置钢板弹簧的悬架不必另设独立的导向机构。 （　　）

4．螺旋弹簧的优点是无须润滑，不忌污泥，安置所需的纵向空间不大。 （　　）

5．螺旋弹簧本身没有减振作用，因此在螺旋弹簧悬架中必须另装减振器。 （　　）

6．扭杆弹簧本身是一根由弹簧钢制成的杆。 （　　）

7．扭杆断面通常为圆形，少数为矩形或管形。 （　　）

8．扭杆弹簧悬架质量较轻，结构比较简单，也不需润滑，并且通过调整扭杆弹簧固定端的安装角度，易实现车身高度的自动调节。 （　　）

9．扭杆弹簧在汽车上的布置比较方便。它可以纵向布置，也可以横向布置。 （　　）

10．油气弹簧是以油液为传力介质的气体弹簧。 （　　）

11．油气弹簧利用气体的可压缩性来实现弹簧的缓冲作用。 （　　）

12．空气弹簧一般用于电子悬架系统中。它以压缩空气作为弹性介质，利用气体的可压缩性实现弹簧的缓冲作用。 （　　）

13．目前，汽车广泛采用的液力式减振器为筒式液力式减振器。 （　　）

14．流通阀和补偿阀是一般的双向阀。 （　　）

15．当车轮滚上凸起和滚出凹坑时，减振器受压缩，减振器活塞下移。 （　　）

16．当车轮滚进凹坑或滚离凸起时，减振器受拉伸，减振器活塞上移。 （　　）

17．横向稳定杆两侧纵向部分的末端与下臂上的弹簧支座相连。 （　　）

18．独立悬架因结构简单、工作可靠，广泛应用于货车的前、后悬架。 （　　）

19．国产微型客货车广泛采用螺旋弹簧式独立悬架。 （　　）

20．螺旋弹簧式非独立悬架具有纵向布置方便、便于维护和保养的特点。 （　　）

21．左、右螺旋弹簧的间距应尽可能大，以提高悬架的横向角刚度。 （　　）

22．横向导杆是用来传递车轴和车身之间的横向作用力及其力矩的。 （　　）

23．独立悬架采用的车桥是断开式的。 （　　）

24．在独立悬架中，当一侧车轮受到冲击时，其运动不会影响另一侧车轮。 （　　）

25．不等长双横臂式独立悬架在轿车前轮上的应用较为广泛。 （　　）

26．采用麦弗逊式独立悬架的汽车有利于发动机布置，并可降低整车的重心。 （　　）

27．麦弗逊式独立悬架又称滑柱摆臂式独立悬架。 （　　）

任务三 车轮与轮胎构造与检修

任务目标

素养目标：

1. 培养爱岗敬业精神。

2. 培养良好的安全意识。

能力目标：

1. 能认识车轮与轮胎的规格参数及其含义。

2. 能拆装轮胎。

知识目标：

1. 了解车轮的作用与构造。

2. 了解轮胎的功用与构造。

情景导入

一辆 2016 年的五菱鸿途汽车到修理厂进行维修。驾驶员反映，汽车轮胎气压不足，并且转向盘倾斜严重。维修技师初步判断，汽车轮胎需要进行相关检查。请根据本任务所学知识对汽车轮胎进行相关检查。

知识准备

理论知识

车轮与轮胎

车轮与轮胎是汽车与路面的接触部件，汽车通过轮胎与地面的相互作用获得驱动力、制动力及侧向支撑力。轮胎与车轮性能的好坏影响着汽车的行驶性能、安全性、动力性及燃油经济性。

一、车轮

车轮用于安装轮胎，传递和承受轮胎、车桥之间的各种作用力和力矩。车轮总成由轮辐、轮辋和轮毂三部分组成。

1. 轮辐

车轮根据轮辐结构的不同，可分为辐板式车轮（见图 3-30）和辐条式车轮（见图 3-31）。

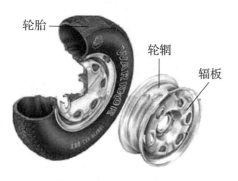

图 3-30　辐板式车轮

图 3-31　辐条式车轮

2. 轮辋

轮辋用来安装和固定轮胎。轮辋根据结构的不同，可分为深槽轮辋、平底轮辋和对开式轮辋，如图 3-32 所示。

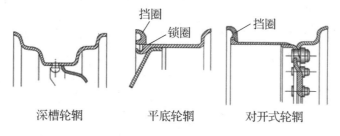

图 3-32　轮辋的三种形式

轮辋是轮胎装配和固定的基础，当轮胎装入不同的轮辋时，其变形位置与大小也发生了变化。因此，每种规格的轮胎最好配用标准轮辋，必要时也可配用规格与标准轮胎相近的轮辋。如果轮辋选用不当，则会造成轮胎早期损坏，特别是在过窄的轮辋上使用时。国产轮辋规格的表示方法如图 3-33 所示。

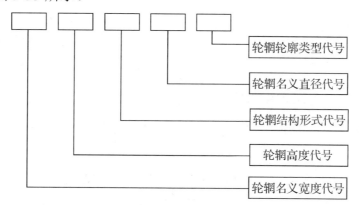

图 3-33　国产轮辋规格的表示方法

说明：

（1）轮辋名义宽度和轮辋名义直径代号的数值是以英寸（in）为单位的，1in=25.4mm。当新设计的轮胎以毫米（mm）表示直径时，轮辋直径也用毫米（mm）表示。

（2）轮辋名义直径代号前面的符号为轮辋结构形式代号，符号"×"表示该轮辋为一件式轮辋，符号"-"表示该轮辋为多件式轮辋。一件式轮辋是指轮辋为整体式的，而多件式轮辋由轮辋、挡圈、锁圈等多个部件组成。

（3）轮辋名义宽度代号后面的英文字母（如 C、D、E、F、J、K、L、V 等）表示轮辋的高度。

（4）轮辋轮廓类型代号用英文字母表示，DC 表示深槽轮辋，WDC 表示深槽宽轮辋，SDC 表示半深槽宽轮辋，FB 表示平底轮辋，WFB 表示平底宽轮辋，TB 表示全斜底轮辋，DT 表示对开式轮辋。

例如：汽车轮辋规格代号 4.5E×16DC，表示该轮辋的名义宽度为 4.5in，名义直径为 16in，高度为 E，并且该轮辋为一件式深槽轮辋。

3. 轮毂

轮毂是轮辋的中心支撑，主要任务是连接车轮和车轴，承受轮胎和车轴之间的负荷。轮毂通常是圆筒形，内部装有轴承，以减少摩擦。轮毂的材料包括钢铁和铝合金。铝合金轮毂因其轻量化和优秀的导热性能而被广泛采用，有助于提升车辆的直线行驶性能和降低油耗。

二、轮胎

1. 轮胎的功用

轮胎的功用：支承汽车及货物的总重量；保证车轮和路面的附着性，以提高汽车的动力性、制动性和通过性；与汽车悬架一同减少汽车行驶中所受到的冲击，并衰减由此产生的振动，以保证汽车有良好的乘坐舒适性和平顺性。

2. 轮胎的分类

轮胎按胎体结构分类，可分为充气轮胎和实心轮胎。现代的汽车大多采用充气轮胎。

1）按保持空气的方法分类

充气轮胎按保持空气的方法分类，可分为有内胎轮胎和无内胎轮胎。

（1）有内胎轮胎。

有内胎轮胎由外胎、内胎和垫带等组成，如图 3-34 所示。内胎是一个环形的橡胶管，上面装有气门嘴，以便充入或排出空气。垫带是一个环形的橡胶管，垫在内胎与轮辋之间，以保护内胎不被轮辋和胎圈磨伤。

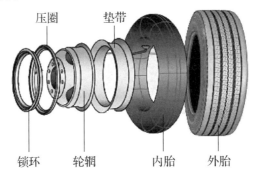

图 3-34　有内胎轮胎的组成

（2）无内胎轮胎。

无内胎轮胎（真空胎，见图 3-35）没有内胎和垫带，充入轮胎的气体直接压入无内胎轮胎中，要求轮胎与轮辋之间有很好的密封性。其优点是：轮胎穿孔时，压力不会急剧下降，汽车能继续安全行驶；不存在因内、外胎之间摩擦和卡住而引起的损坏；可直接接通轮辋来散热，工作温度低，使用寿命长；结构简单、质量较轻。其缺点是：材料、工艺要求高，伤口修理较为困难。

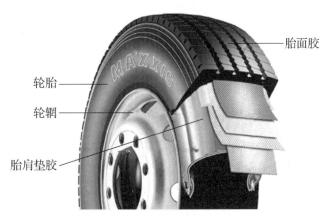

图 3-35　无内胎轮胎

2）按胎体帘布层的结构分类

充气轮胎按胎体帘布层的结构分类，可分为普通斜交轮胎和子午线轮胎。

（1）普通斜交轮胎。

普通斜交轮胎（见图 3-36）的帘布层帘线按一定角度交叉排列，帘线与轮胎横断面的夹角通常为 50°。

（2）子午线轮胎。

子午线轮胎（见图 3-37）的帘布层帘线的排列方向与轮胎横断面一致。

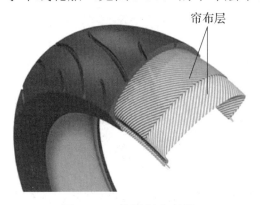

图 3-36　普通斜交轮胎

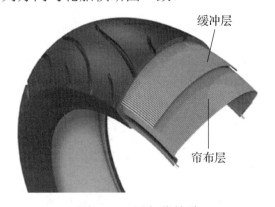

图 3-37　子午线轮胎

3. 外胎的结构

外胎是轮胎的主体。它由胎面（包括胎冠、胎肩和胎侧）、缓冲层、帘布层和胎圈四部分组成，如图 3-38 所示。

图 3-38　外胎的结构

　　胎冠也称行驶面。它与路面接触，直接承受冲击和磨损，并与路面间产生很大的附着力，故应具有较高的强度、刚度、弹性和耐磨性。为满足不同路面（如光滑路面、沙石路面、湿滑路面和冰面）条件下的行驶要求，使其在湿滑路面上也可以产生比较大的牵引力，避免轮胎纵、横向打滑，在车轮滚动时能将胎面与路面接触区的水高效地排挤出去，胎冠上制有各种花纹，主要有普通花纹（包括纵向花纹和横向花纹）、组合花纹、越野花纹等，如图 3-39所示。

纵向花纹　　　横向花纹　　　组合花纹　　　越野花纹

图 3-39　几种不同形状的轮胎花纹

　　1）胎肩

　　胎肩是胎冠和胎侧间的过渡部分，一般也制有花纹，以提高该部位的散热性能。

　　2）胎侧

　　胎侧又称胎壁，由数层橡胶构成，覆盖轮胎两侧，保护内胎免受损伤。胎侧上标有厂家名称、轮胎尺寸及其他资料。

　　3）帘布层

　　帘布层是外胎的骨架，用以保持外胎的形状和尺寸。帘布层数越多，轮胎强度就越大，但轮胎弹性也越低。帘线可以是棉线、人造丝线、尼龙线和钢丝等。

　　4）缓冲层

　　缓冲层夹在胎面和帘布层之间，由两层及以上较稀疏的帘布和橡胶制成，故弹性较大，能缓和冲击，并防止在汽车紧急制动时，胎面与帘布层脱离。

5）胎圈

胎圈由钢丝圈、帘布层包边和胎圈包布组成。胎圈可以使外胎牢固地装在轮辋上。

4. 轮胎的规格识别

轮胎的规格标记如图 3-40 所示。

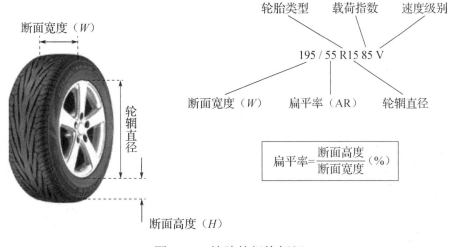

图 3-40　轮胎的规格标记

1）断面宽度

一般用数字表示轮胎断面的宽度。断面宽度指轮胎正常充气后两侧面间的距离，单位为 mm。

2）扁平率

用数字表示轮胎的高宽比，即扁平率。扁平率是轮胎断面的高度与宽度之比。扁平率的值越小，车身底部与地面的间隙就越小，车身下的空气阻力也越小，车身相对地面的高度将变大，这会改变车辆的乘坐舒适性和操纵性。通常，随着扁平率值的减小，车辆的乘坐舒适性会下降，但车辆的操纵性有所提升。同样地，扁平率增大能提升车辆的乘坐舒适性，但车辆的操纵性会下降。消费者购买轮胎时，应该根据用户使用手册决定所选的轮胎的规格。

3）轮胎类型

用字母表示轮胎类型。R 表示子午线轮胎，B 表示带束斜交轮胎，D 表示斜交轮胎。

4）轮辋直径

用数字表示轮辋直径，单位为 in。最常用的汽车轮辋直径有 13in、14in、15in 和 16in。

5）载荷指数

用数字表示载荷指数，即轮胎的最大载荷质量，例如载荷指数为 85 的轮胎的最大载荷质量为 515kg。

6）速度级别

用字母表示速度级别，即最高车速，例如速度级别为 H 时的最高车速为 210km/h。

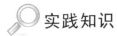实践知识

拆装轮胎

图　　示	步　　骤
1．拆卸轮胎	
	所用设备为轮胎拆装机。使用前要检查设备电源、气压等是否正常
	在气嘴与轮胎之间做好装配记号
	用气门芯钥匙旋松气门芯
	取出气门芯，放掉轮胎气压

图　　示	步　　骤
	交叉对角分多次对轮胎的不同部位进行挤压
	调转轮胎，用同样的方法对轮胎另一边进行挤压
	把轮胎放到卡盘上并夹紧
伸缩杆固定手柄 转臂固定手柄	松开转臂固定手柄，摆动转臂，使鸟头、伸缩杆移动到轮胎上方
鸟头　伸缩杆　导块	松开伸缩杆固定手柄，使鸟头靠近轮辋边并与之平齐，但不要与轮辋接触

图　　示	步　　骤
	用撬棍把轮胎内边撬到鸟头上，将鸟头上后部的轮胎边缘压在导块下，并压平撬棍，暂时不要将其拔出
	用手压住撬棍，使之沿轮胎顺时针旋转，转过半圈，感觉撬棍没有反弹力后，将其取出
	转一圈后，轮胎的上边便脱出轮辋
	用手托起轮胎，使其下边往轮辋的上边靠
	用撬棍把轮胎下边撬起并压在鸟头上。压住撬棍，顺时针转动卡盘，使轮胎的另一边脱出，此时轮胎与轮辋已彻底分离

图　示	步　骤
	松开转臂固定手柄，把转臂移开，取下轮胎

2. 安装轮胎

	在轮胎两侧涂上肥皂水。使轮辋夹紧在卡盘上
	使鸟头与轮辋平齐，将轮胎边缘压在鸟头下面。将装配记号与气嘴对正，压住轮胎，踩下转动踏板，使卡盘顺时针转动，转一圈，轮胎下边便被旋入轮辋内
	将轮胎上边前部压在导块上，后部压在鸟头下，顺时针转动卡盘
	在转动过程中，始终用手压住轮胎的一边（有的轮胎拆装机有辅助压紧装置，不需手压）

图　示	步　骤
	直到轮胎的上边完全旋入轮辋中
	移开鸟头及伸缩杆
	给轮胎充气，使轮胎与轮辋边缘的密封面贴紧。给轮胎充入规定气压的空气，旋入气门芯，并检查气门的密封性。 5S 管理。 结束

任务实施与评价

项　目	评 分 标 准	分　值	得　分
接收工作任务	明确工作任务是轮胎的拆装与检修	5	
收集信息	了解轮胎的组成部件	10	
	了解轮胎的分类	10	
制订计划	能制订出轮胎拆装与检修实训计划	10	
	能协同小组人员安排任务分工	5	
	能在计划实施前准备好本次实训的工具、器材	5	
计划实施	规范使用举升机举升车辆	10	
	拆装轮胎	15	
	轮胎检修注意事项	5	
	轮胎检修要求	5	
质量检查	任务是否完成，安全意识、5S 管理是否到位	10	
评价反馈	学生是否完成了心得体会和自我评价的总结	10	
分数合计		100	
综合评价	□优秀　　□良好　　□合格　　□不合格		

任务测试

一、填空题

1. 车轮总成由_____、_____和_____三部分组成。

2. 车轮根据轮辐结构的不同，可分为_____车轮和_____车轮。

3. 轮辋分为_____、_____和_____。

4. 充气轮胎按胎体帘布层的结构分类，可分为_____轮胎和_____轮胎。

5. _____的帘布层帘线的排列方向与轮胎横断面一致。

6. _____是轮胎的主体。

7. 外胎由_____、_____、_____和_____四部分组成。

8. 胎面包括_____、_____和_____。

9. 胎冠上制有各种花纹，主要有_____、_____、_____等。

10. _____又称胎壁。

11. _____夹在胎面和帘布层之间。

12. 胎圈由_____、_____和_____组成。

二、判断题

1. 车轮与轮胎是汽车与路面的接触部件。 （   ）

2. 车轮用于安装轮胎，传递和承受轮胎、车桥之间的各种作用力和力矩。 （   ）

3. 轮胎的功用有支承汽车及货物的总重量。 （   ）

4. 现代的汽车大多采用充气轮胎。 （   ）

5. 胎肩是胎冠和胎侧间的过渡部分。 （   ）

6. 胎肩由数层橡胶构成，覆盖轮胎两侧，保护内胎免受损伤。 （   ）

7. 帘布层是外胎的骨架，用以保持外胎的形状和尺寸。 （   ）

8. 帘布层数越多，轮胎强度就越大，但轮胎弹性也越低。 （   ）

9. 帘布可以是棉线、人造丝线、尼龙线和钢丝等。 （   ）

10. 胎圈可以使外胎牢固地装在轮辋上。 （   ）

11. 断面宽度指轮胎正常充气后两侧面间的距离，单位为 mm。 （   ）

三、选择题

1. 轮胎规格为 195/55R1585V 时，断面宽度为（   ）。

    A．195mm   B．195cm   C．55mm   D．85mm

2. 轮胎规格为 195/55R1585V 时，扁平率为（   ）。

    A．195%   B．55%   C．15%   D．85%

3. 轮胎规格为 195/55R1585V 时，轮辋直径为（   ）。

A．195in   B．55in   C．15in   D．85in

4．轮胎规格为 195/55R1585V 时，载荷指数为（   ）。

A．195   B．195N   C．85   D．85N

任务四　汽车四轮定位

任务目标

素养目标：

1．培养爱岗敬业精神。

2．培养团队协作精神。

能力目标：

1．了解四轮定位的含义。

2．能操作四轮定位仪。

知识目标：

1．了解四轮定位的作用。

2．了解四轮定位的参数。

情景导入

一辆 2016 年的五菱鸿途汽车到修理厂进行维修。驾驶员反映，汽车转向盘倾斜严重，总向左侧偏。维修技师初步判断，汽车轮胎的四轮定位需要进行相关检查。请根据本任务所学知识对汽车轮胎的四轮定位进行检查。

知识准备

理论知识

四轮定位

四轮定位的作用是使汽车具有稳定的直线行驶性能和一定的转向轻便性能，并减少汽车在行驶中轮胎和转向机件的磨损。以前，汽车上只有前轮定位。然而，现代大多数轿车由于速度快，对行驶稳定性有更高的要求，因此除了需要前轮定位，还需要后轮定位。前轮定位和后轮定位总称四轮定位，也就是常说的全轮定位或车轮定位。

一、前轮定位

前轮定位主要包括主销后倾、主销内倾、前轮外倾和前轮前束 4 个参数。

1. 主销后倾

主销后倾是指主销的顶部向后或向前倾斜一个角度。在汽车的纵向平面内（汽车的侧面），主销轴线与铅垂线之间的夹角被称为主销后倾角，如图 3-41 所示。主销后倾的作用是保持汽车直线行驶的稳定性，并使汽车在转弯后能自动回正。主销正后倾有助于提高汽车的方向稳定性，同时增加了转向阻力。主销后倾角过大，会造成转向困难、路面冲击过大和前轮摆动；主销后倾角过小，则会在汽车高速行驶时引发漂移、摆振和方向稳定性不好等问题。为了不使转向沉重，主销后倾角不宜过大，一般为 2°～3°。为了提高行驶速度，现代的汽车普遍采用扁平低压胎，轮胎变形的增加会引起稳定力矩的增加，因此主销后倾角可以减小甚至接近于零，有的更为负值。

2. 主销内倾

主销内倾是指在汽车的横向平面内，主销上端向内倾斜一个角度。主销内倾角（见图 3-42）是在汽车的横向平面内，主销中心线与实际垂线之间的夹角。这个角度是不能调整的。主销内倾的作用是使车轮在转向后能自动回正且转向操纵轻便。主销内倾的存在使得主销轴线与地面的交点到轮胎中心线的距离减小，从而减小了转向阻力矩，使转向轻便。但这一距离也不宜过小，否则转向时，车轮绕主销偏转会产生较大的滑动，增加车轮与路面的摩擦阻力，反而造成转向沉重。主销内倾角一般不大于 8°，但如果过小，则易导致转向不稳定，前轮易摇摆。

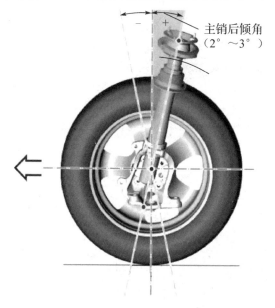

图 3-41 主销后倾角

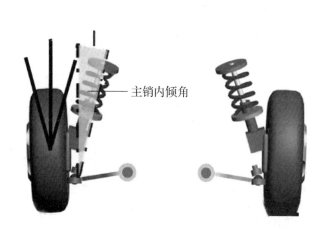

图 3-42 主销内倾角

3. 前轮外倾

前轮外倾是指前轮的顶部向内或向外倾斜一个角度。图 3-43 所示为前轮外倾角。前轮外倾角是车轮中心线与实际垂线之间的夹角。前轮外倾的作用是提高转向操纵的轻便性和车轮行驶的安全性。前轮外倾角也不宜过大，一般为 1°。前轮负外倾角过大，将使轮胎内侧磨损加剧；前轮正外倾角过大，将使轮胎外侧磨损加剧。

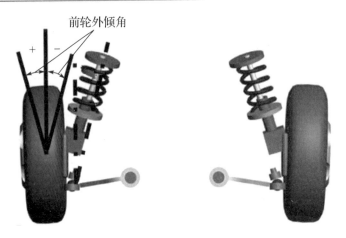

图 3-43　前轮外倾角

4. 前轮前束

前轮前束值是指左、右前轮的前端水平距离 B 与后端水平距离 A 之差。前轮前束如图 3-44 所示。当 $B<A$ 时，叫作前轮正前束；当 $B>A$ 时，叫作前轮负前束。前轮前束的作用是消除由车轮外倾导致的汽车在行驶时向外张开的趋势，减少轮胎磨损和燃料消耗。

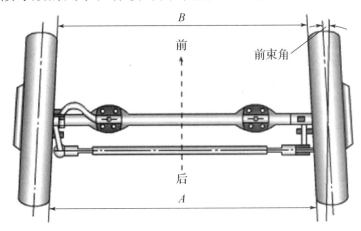

图 3-44　前轮前束

二、后轮定位

当汽车后桥主减速器主动齿轮的轴线与汽车的纵向中心线不平行（汽车后桥与汽车的纵向中心线不垂直）时，汽车会向一侧转向。这类问题可通过四轮定位来诊断。

1. 后轮定位因素

后轮定位是四轮定位的一部分，了解可能影响后轮定位的因素是非常有必要的。许多因素可能会影响后轮定位角的大小，下面列出一些主要因素。

（1）后副车架和后桥偏离中心线。

（2）悬架控制臂衬套磨损。

（3）弹簧压坏。

（4）碰撞后维修不当或严重的路面冲击造成悬架构件弯曲变形超出规定值。

鉴于这些因素，按照制造商推荐的后轮定位技术规范检查、校正后轮定位参数是至关重要的。

2. 后轮定位角

校正后轮定位时，通常需要检测和调整三个角度：推力角、前束角和外倾角。推力角是指后轮所走过的轨迹与汽车纵向中心线的夹角。推力角应该调整到接近于零，否则，汽车行驶时会摇头摆尾。后轮外倾角与前轮外倾角非常相似。它是后轮的上部稍微向外倾斜的一个角度。在汽车加装负载后，车轮应能刚好回到与路面垂直的位置。

后轮前束角应调整到与前轮前束角大约相等为止。后轮前束角与前轮前束角类似，均通过横拉杆来调节。

 实践知识

四轮定位

图　　　示	步　　　骤
1. 车轮安装	
	检测设备：亨特四轮定位仪。 检测前准备：清除轮胎花纹上的小石子等杂物，确保轮胎气压正常。 把车轮安装到平衡机转轴上
2. 车辆检查	
	分别检查前后车轮的轮胎气压，检查结果应符合规定值，将其记录下来。若检查结果不符合规定值，则应向轮胎充气，直至轮胎气压达到规定值
	检查各轮胎，应无严重磨损，轮辋应无变形，否则应进行更换。在车辆前方目测检查车辆高度，左右高度应一致。各轮胎规格应一致，否则应更换成同规格轮胎

图　　示	步　　骤
	用轮胎花纹测量尺测量各轮胎的花纹深度，并记录。左、右轮胎的花纹深度误差不得超过 2mm，否则应更换轮胎
	左右转动转向盘，应无空行程存在，否则修复后再做四轮定位检测
	采用大举升机（大剪）把车辆举升到合适的高度
	前轮相关部位的检查。检查横拉杆球头、衬套、稳定杆、下悬架臂、下摆臂衬套球头等，应无损坏、松旷，否则应更换新件
	后轮相关部位的检查。检查后稳定杆、后支撑杆、后悬架臂及衬套球头，应无损坏、无明显松旷，否则应更换新件

图　　示	步　　骤
3．操作四轮定位仪	
	在车轮上安装一体式三维条式目标板与快速卡具
	用摄像头照相系统对一体式三维条式目标板与快速卡具进行快速拍照成像
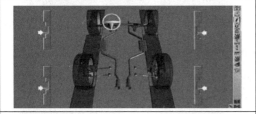	快速补偿。操作人员推车，一次完成偏位补偿
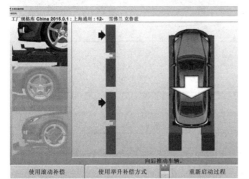	计算机显示屏上显示偏位速补偿界面
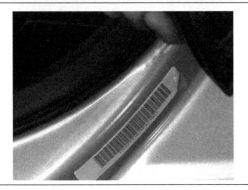	扫描 VIN 码，以便计算机系统软件确认车型

图　　示	步　　骤
	安装刹车锁，按界面提示转动转向盘
	测量主销角度
	在计算机上显示测量的全部定位参数
	按要求调整好定位参数，拆下各卡具，并将其放回原位。 5S 管理。 结束

任务实施与评价

项　　目	评 分 标 准	分　值	得　分
接收工作任务	明确工作任务是四轮定位	5	
收集信息	了解四轮定位仪的使用流程	10	
	了解四轮定位仪的参数含义	10	
制订计划	能制订出四轮定位实训计划	10	
	能协同小组人员安排任务分工	5	
	能在计划实施前准备好本次实训的工具、器材	5	
计划实施	规范使用举升机举升车辆	10	
	四轮定位	15	
	四轮定位操作注意事项	5	
	四轮定位操作要求	5	
质量检查	任务是否完成，安全意识、5S 管理是否到位	10	
评价反馈	学生是否完成了心得体会和自我评价的总结	10	
分数合计		100	
综合评价	□优秀　　　□良好　　　□合格　　　□不合格		

任务测试

一、填空题

1. 前轮定位主要包括_____、_____、_____和_____4个参数。

2. _____是指主销的顶部向后或向前倾斜一个角度。

3. _____是指在汽车的横向平面内，主销上端向内倾斜一个角度。

4. _____是指前轮的顶部向内或向外倾斜一个角度。

5. _____是指左、右前轮的前端水平距离与后端水平距离之差。

6. 校正后轮定位时，通常需要检测和调整三个角度：_____、_____和_____。

7. _____是指后轮所走过的轨迹与汽车纵向中心线的夹角。

二、判断题

1. 四轮定位的作用是使汽车具有稳定的直线行驶性能。（　　）

2. 前轮定位和后轮定位就是四轮定位。（　　）

3. 在汽车的纵向平面内，主销轴线与铅垂线之间的夹角被称为主销后倾角。（　　）

4. 主销前倾的作用是使汽车在转弯后能自动回正。（　　）

5. 主销内倾角过大，会造成转向困难、路面冲击过大和前轮摆动。（　　）

6. 主销后倾角过小，会引发漂移、摆振和方向稳定性不好等问题。（　　）

7. 为了不使转向沉重，主销后倾角不宜过大，一般为2°～3°。（　　）

8. 现代的汽车普遍采用扁平低压胎，主销后倾角接近于零，有的更为负值。（　　）

9. 主销外倾角是在汽车的横向平面内，主销中心线与实际垂线之间的夹角。（　　）

10. 主销后倾角是不能调整的。（　　）

11. 主销内倾的作用是使车轮在转向后能自动回正且转向操纵轻便。（　　）

12. 主销内倾角一般不大于1°。（　　）

13. 如果主销内倾角过小，则易导致转向不稳定，前轮易摇摆。（　　）

14. 前轮外倾角是车轮中心线与实际垂线之间的夹角。（　　）

15. 前轮外倾的作用是提高转向操纵的轻便性和车轮行驶的安全性。（　　）

16. 前轮外倾角不宜过大，一般为1°。（　　）

17. 前轮负外倾角过大，将使轮胎外侧磨损加剧。（　　）

18. 前轮正外倾角过大，将使轮胎内侧磨损加剧。（　　）

19. 前轮前束的作用是消除由车轮外倾导致的汽车在行驶时向外张开的趋势，减少轮胎磨损和燃料消耗。（　　）

20. 后轮前束角与前轮前束角类似，均通过直拉杆来调节。（　　）

项目四

汽车转向系构造与检修

项目描述

一、转向系的功用

转向系是控制转向轮偏转的一整套机构。其功用是根据汽车行驶需要，改变和恢复汽车的行驶方向。

二、转向系的组成

转向系由转向操纵机构、转向器和转向传动机构三个主要部分组成，如图 4-1 所示。

图 4-1　转向系的组成

驾驶员通过转动转向盘，将转向力矩输入转向器，经转向器增大后的力矩被传到转向传动机构，转向传动机构便可带动转向轮偏转，控制汽车的行驶方向。

转向系有多种形式，但均由上述三个部分组成，不同之处在于是否采用动力转向系，以及采用哪种形式的转向器。

1. 转向操纵机构

转向操纵机构是驾驶员用来操纵汽车转向系的工作机构，由转向盘、转向轴和转向管柱等组成。

2. 转向器

转向器能够将转向盘的转动变为转向摇臂的摆动或齿条轴的直线往复运动，同时能够对系统输入的操纵力进行放大。转向器一般被固定在汽车车架或车身上，转向操纵力在通过转向器后一般还会改变传动力的方向。

3. 转向传动机构

转向传动机构能够将转向器输出的力和运动传给转向车轮，并能够使转向桥的左、右侧车轮按一定的转角关系偏转。

三、转向系的分类

转向系根据转向动力源的不同，可分为机械转向系和动力转向系两大类。

1. 机械转向系

机械转向系（见图4-2）以驾驶员的体力作为转向能源，其中所有传动件都是机械的。

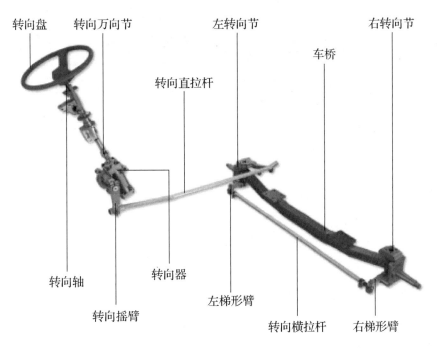

图 4-2 机械转向系

2. 动力转向系

动力转向系（见图4-3）是兼以驾驶员的体力和发动机的动力为转向动力的转向系，是在机械转向系的基础上加设一套转向动力装置而形成的。

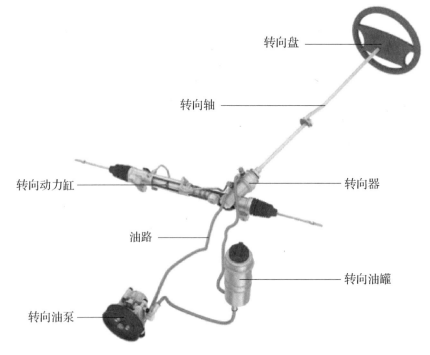

图 4-3　动力转向系

　　本项目只有转向系构造与检修这一个学习任务。通过对本项目的学习，学生可以进一步掌握汽车转向系的结构和工作原理，掌握汽车转向系的检修方法，并学会使用常用工具。

任务　转向系构造与检修

任务目标

素养目标：

1. 培养民族自豪感、荣誉感。

2. 培养团队合作精神。

能力目标：

1. 能够正确选择并使用汽车底盘拆装工具。

2. 熟知汽车转向系各组成部分的结构。

3. 能够根据维修手册拆装和检修齿轮齿条式转向器。

知识目标：

1. 了解转向系的功用、组成及分类。

2. 知道机械转向器的组成及工作原理。

3. 了解动力转向系各部件的基本结构及功用。

4. 学会更换转向管柱的操作流程。

5. 学会拆装齿轮齿条式转向器。

一辆 2016 年的五菱鸿途汽车到修理厂进行检测、维修。驾驶员反映，该车辆在行驶过程中转向沉重，并且在转向时有异响。维修技师初步判断，转向系需要进行相关检查。请根据本任务所学知识对转向系进行相关检查。

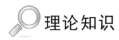理论知识

机械转向系

机械转向系也是由转向操纵机构、转向器和转向传动机构三个主要部分组成的，如图 4-1 所示。转向时，驾驶员对转向盘施加一个转向力矩。该力矩通过转向轴传递给转向器，再经转向横拉杆和左转向节上的转向摇臂使左轮偏转，最后通过转向横拉杆带动右轮偏转。

一、转向操纵机构

转向操纵机构（见图 4-4）包括转向盘和转向盘柱。

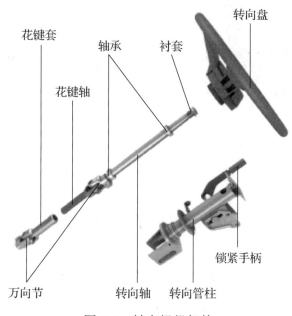

图 4-4　转向操纵机构

1. 转向盘

转向盘用于产生转向操纵力，主要由盘圈、轮辐和盘毂组成，其中轮辐一般有 3 根或 4 根辐条，如图 4-5 所示。转向盘上还安装有安全气囊、汽车喇叭按钮开关及控制转向灯开关等，以方便驾驶员操作。

2. 转向盘柱

转向盘柱包括转向轴和转向管柱。转向轴将驾驶员施加于转向盘的转向操纵力传给转向器的传力轴。转向轴通过轴承支撑于转向管柱内，转向管柱被固定在车身上。转向轴上部与转向盘固定连接，下部装有转向器。转向轴与转向器连接的方式有两种：一种是与转向器的输入轴直接连接，另一种是通过十字轴万向节或柔性万向节间接与转向器的输入轴连接。现在汽车的转向轴除了装有挠性万向节，有的还装有能改变转向盘工作角度和高度的机构，以方便不同体形的驾驶员的操纵。图4-6所示为一种转向倾斜角度调整机构。转向管柱的上、下端分别通过倾斜角度调整机构的支架、下托架与车身相连。锁紧螺栓穿过调整支架上的长孔和转向管柱上的圆孔将转向管柱的上端与下端相连。调整时，向下扳下调整手柄，锁紧螺栓松动，并可在调整支架上的长孔中移动；转向管柱便可以下托架上的枢轴为中心上下移动。确定了合适的位置后，向上扳起调整手柄，将转向盘定位。

图 4-5　转向盘

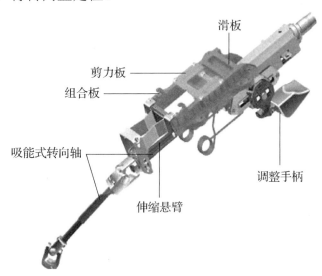

图 4-6　一种转向倾斜角度调整机构

二、转向器

转向器的种类较多，下面主要介绍齿轮齿条式转向器和循环球式转向器。

1. 齿轮齿条式转向器

齿轮齿条式转向器如图4-7所示。转向器通过转向器壳体的两端用螺栓固定在车身（车架）上。当转动转向盘和转向轴时，由于齿轮与齿条上的齿啮合，导致齿条在壳体内左右移动，同时转向传动机构中的其他杆件运动，并带动前轮偏转。齿轮齿条式转向器的优点：结构简单；传动效率高，操纵轻便；质量轻；由于不需要转向摇臂和转向直拉杆，因此还使转向传动机构得以简化。齿轮齿条式转向器适合与麦弗逊式独立悬架配用，常用于轿车、微型货车和轻型货车。齿轮齿条式转向器根据转向横拉杆位置的不同，又分为中间输出式和两端输出式。

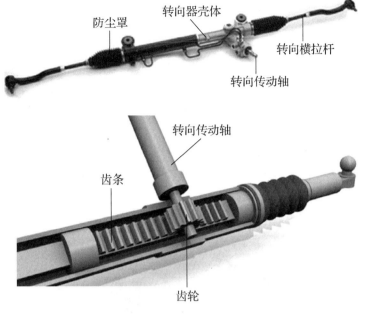

图 4-7　齿轮齿条式转向器

2. 循环球式转向器

循环球式转向器中一般有两级传动副，由转向螺杆和转向螺母构成第一级传动副；在转向螺母的一个平面上加工出的齿条，与齿扇轴（也叫转向摇臂轴）上的齿扇啮合，构成第二级传动副（见图 4-8）。转向螺母既是第一级传动副的从动件，也是第二级传动副的主动件。转向盘带动转向螺杆左右转动，转向螺母跟着前后移动。转向螺母的前后移动带动转向摇臂轴摆动。转向摇臂轴直接与转向摇臂连接，后者控制着转向传动机构的运动。循环球式转向器常用于各种轻型和中型货车，也用于部分轻型越野汽车。

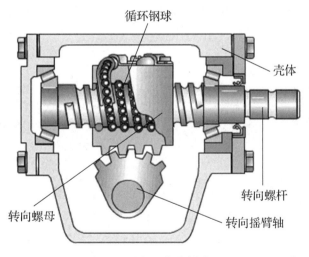

图 4-8　循环球式转向器

三、转向传动机构

转向传动机构主要由转向摇臂、转向直拉杆、转向横拉杆、转向节臂、转向梯形臂等组成。

1. 转向摇臂

转向摇臂的作用是把转向器输出的力和运动传给转向直拉杆或转向横拉杆，进而推动转向轮偏转。其结构如图 4-9 所示。其大端具有三角形齿花键锥形孔，用以与转向摇臂轴外端连接，并用螺母固定；其小端带有球头销，以便与转向直拉杆进行空间铰链连接。转向摇臂装好后，从中间位置到两边的摆角大致相同。安装时，转向摇臂轴与转向摇臂的安装记号应对正。

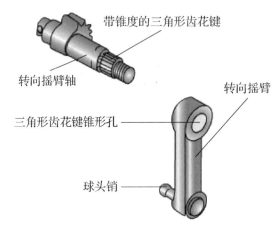

图 4-9　转向摇臂的结构

2. 转向直拉杆

转向直拉杆体是一段两端扩大的钢管。转向直拉杆的结构如图 4-10 所示。转向直拉杆的前端是球头销，后端是球头座。前、后球形铰链结构中都有压缩弹簧，用以补偿机械磨损，并可缓和经车轮和转向节传来的路面冲击。弹簧预紧力可用端部螺塞调节。转向直拉杆的作用是将转向摇臂传来的力和运动传给转向梯形臂。

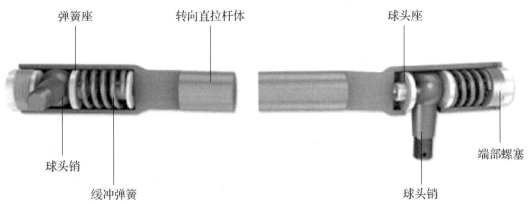

图 4-10　转向直拉杆的结构

3. 转向横拉杆

转向横拉杆（见图 4-11）是联系左、右转向梯形臂，并使其协调工作的连接杆。它在汽车行驶过程中反复承受拉力和压力，因此多用高强度冷拉钢管制造。两端接头为球头座-球头销结构，其上有压紧弹簧和调节螺塞。

转向球头

图 4-11 转向横拉杆

动力转向系

动力转向系按照传递能量的介质分类,可以分为液压式动力转向系和气压式动力转向系。液压式动力转向系在各类汽车上应用广泛,这里主要讲解液压式动力转向系。

一、液压式动力转向系的组成

液压式动力转向系由转向盘、转向管柱、转向动力缸、转向油泵、流量控制阀、安全阀、转向油罐及回油管等组成,如图 4-12 所示。

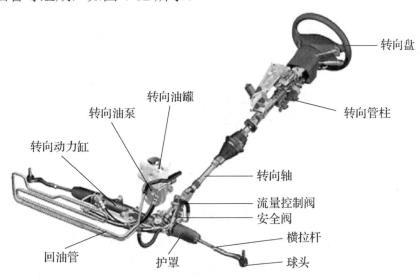

转向油罐

转向油泵

转向动力缸

回油管

护罩

转向盘

转向管柱

转向轴

流量控制阀

安全阀

横拉杆

球头

图 4-12 液压式动力转向系的组成

二、液压式动力转向系的分类

1. 按液流形式分类

液压式动力转向系按液流形式分类,可分为常流式和常压式。

1)常流式

常流式液压转向助力装置示意图如图 4-13 所示。在汽车不转向时,系统内的工作油压较低,转向控制阀在中间位置,油路保持畅通,即油液先从转向油罐被吸入转向油泵,再被转向油泵排出,然后经流量控制阀回到转向油罐,处于常流状态。

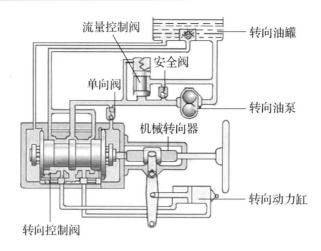

图 4-13　常流式液压转向助力装置示意图

2）常压式

常压式液压转向助力装置示意图如图 4-14 所示。转向油泵排出的高压油储存在储能器中，达到一定压力后，转向油泵自动卸载而空转。

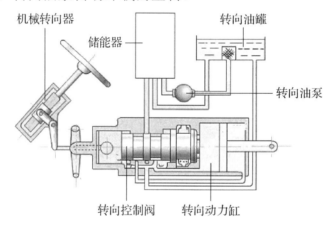

图 4-14　常压式液压转向助力装置示意图

2. 按各元件在转向装置中的相对位置分类

液压式动力转向系按各元件在转向装置中的相对位置分类，可分为整体式动力转向系和分开式动力转向系。整体式动力转向系即把机械转向器、转向动力缸和转向控制阀三者设计为一体。

3. 按转向控制阀的运动方式分类

液压式动力转向系按转向控制阀的运动方式分类，可分为滑阀式动力转向系和转阀式动力转向系。

三、液压式动力转向系的主要部件

1. 转向油泵

转向油泵是液压式动力转向系的供能装置。转向油泵将发动机的机械能变为驱动转向动力缸工作的液压能，再由转向动力缸输出受控制的转向力，并驱动转向车轮转向。转向油泵有齿轮式转向油泵（见图4-15）、叶片式转向油泵（见图4-16）和转子式转向油泵（见图4-17）等。

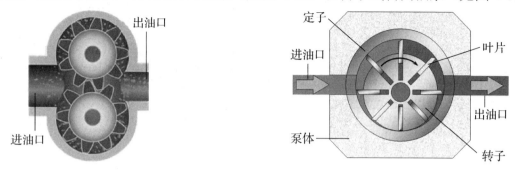

图 4-15　齿轮式转向油泵　　　　　　　图 4-16　叶片式转向油泵

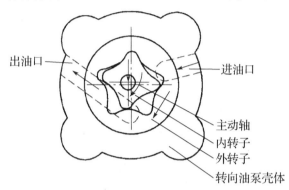

图 4-17　转子式转向油泵

2. 转向控制阀

转向控制阀被直接安置在动力转向器总成里。通常采用的转向控制阀有两种类型：滑阀式控制阀和转阀式控制阀。

1）滑阀式控制阀

阀体沿轴向移动来控制油液流量的转向控制阀，称为滑阀式控制阀（见图4-18），简称滑阀。

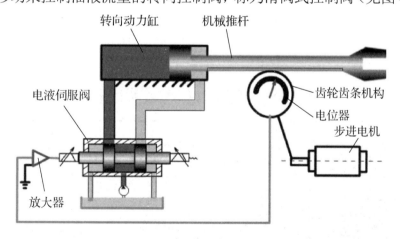

图 4-18　滑阀式控制阀

2）转阀式控制阀

阀体绕其轴线转动来控制油液流量的转向控制阀，称为转阀式控制阀（见图4-19），简称转阀。

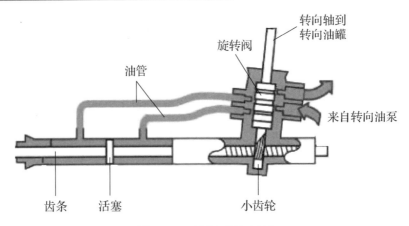

图 4-19　转阀式控制阀

3. 转向油罐

转向油罐的作用主要是储存、过滤并冷却液压转向助力装置的工作油液。转向油罐一般是单独安装的，但也有被直接装在转向油泵上的。转向油罐的结构如图 4-20 所示。

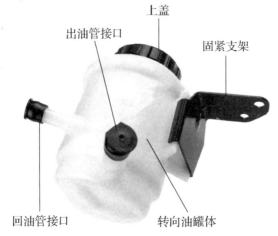

图 4-20　转向油罐的结构

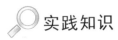 实践知识

拆装齿轮齿条式转向器

图　　示	步　　骤
1. 拆卸齿轮齿条式转向器	
	把车辆开入举升工位，按照举升机的操作规程把车辆举升到合适的高度。 拆卸两前轮

图　　示	步　　骤
	拆下转向传动轴下方的接头螺栓
	拆下左/右转向拉杆接头座合件处的开口销和锁紧螺母
	用专用工具将转向拉杆接头座合件从转向节处压出
	为了能在安装后进行适度调整，应先在转向拉杆的锁紧螺母处做上标记（或用游标卡尺测量出横拉杆上的螺纹至锁紧螺母的长度并记录）；然后，拆卸转向拉杆与接头座合件锁紧螺母，取下左/右接头座合件
	拆卸转向器上的 4 颗安装螺栓，并取下转向器

图　　示	步　　骤
	拆卸左/右波纹罩上的自紧弹簧和箍带，取出左/右波纹罩
1—防松垫； 2—球头拉杆； 3—转向齿条	从转向拉杆处拆下波纹罩，撬开防松垫，拧松转向拉杆壳体。然后，从转向齿条处拆下左/右横拉杆合件，取出转向器

2. 安装齿轮齿条式转向器

A　　B	将新的防松垫和转向拉杆安装到转向齿条上。防松垫的开口槽 A 部分应与齿条的扳手受力平台部位 B 对准。 　　按规定扭矩（49～64N•m）上紧球头拉杆锁紧螺母
	将防松垫折向拉杆侧扳手平台并铆紧
	在转向拉杆波纹罩安装部位涂半干性密封胶。将波纹罩正确定位在转向器壳体及转向拉杆的凹槽处，并用新的箍带按规定的上紧力（59～157N）夹紧；安装自紧弹簧

图　示	步　骤
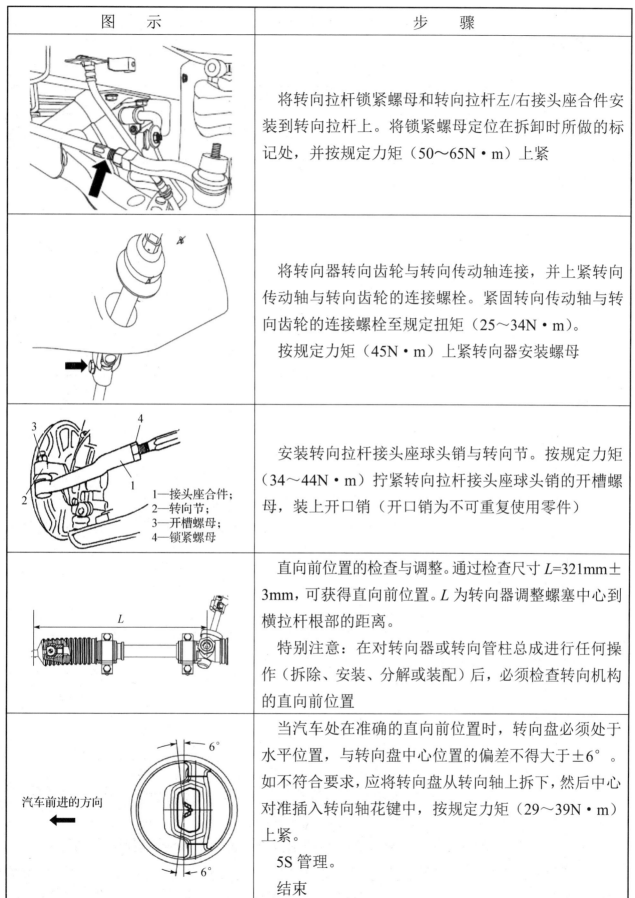	将转向拉杆锁紧螺母和转向拉杆左/右接头座合件安装到转向拉杆上。将锁紧螺母定位在拆卸时所做的标记处，并按规定力矩（50～65N·m）上紧
	将转向器转向齿轮与转向传动轴连接，并上紧转向传动轴与转向齿轮的连接螺栓。紧固转向传动轴与转向齿轮的连接螺栓至规定扭矩（25～34N·m）。 按规定力矩（45N·m）上紧转向器安装螺母
1—接头座合件； 2—转向节； 3—开槽螺母； 4—锁紧螺母	安装转向拉杆接头座球头销与转向节。按规定力矩（34～44N·m）拧紧转向拉杆接头座球头销的开槽螺母，装上开口销（开口销为不可重复使用零件）
L	直向前位置的检查与调整。通过检查尺寸 $L=321mm\pm3mm$，可获得直向前位置。L 为转向器调整螺塞中心到横拉杆根部的距离。 特别注意：在对转向器或转向管柱总成进行任何操作（拆除、安装、分解或装配）后，必须检查转向机构的直向前位置
汽车前进的方向　←　6°　6°	当汽车处在准确的直向前位置时，转向盘必须处于水平位置，与转向盘中心位置的偏差不得大于±6°。如不符合要求，应将转向盘从转向轴上拆下，然后中心对准插入转向轴花键中，按规定力矩（29～39N·m）上紧。 5S 管理。 结束

任务实施与评价

项　　目	评 分 标 准	分　值	得　　分
接收工作任务	明确工作任务是齿轮齿条式转向器的拆装与检修	5	
收集信息	了解转向系的组成部件	10	
	了解转向器的分类	10	
制订计划	能制订出齿轮齿条式转向器拆装与检修实训计划	10	
	能协同小组人员安排任务分工	5	
	能在计划实施前准备好本次实训的工具、器材	5	
计划实施	规范使用举升机举升车辆	10	
	拆装齿轮齿条式转向器	15	
	齿轮齿条式转向器检修注意事项	5	
	齿轮齿条式转向器检修要求	5	
质量检查	任务是否完成，安全意识、5S管理是否到位	10	
评价反馈	学生是否完成了心得体会和自我评价的总结	10	
分数合计		100	
综合评价	□优秀　　　□良好　　　□合格　　　□不合格		

任务测试

一、填空题

1. 转向系由_____、_____和_____三个主要部分组成。

2. 转向操纵机构由_____、_____和_____等组成。

3. 转向器能够将_____的转动变为_____的摆动或_____轴的直线往复运动。

4. 转向系根据转向动力源的不同，可分为_____和_____两大类。

5. _____以驾驶员的体力作为转向能源，其中所有传动件都是机械的。

6. _____是兼以驾驶员的体力和发动机的动力为转向动力的转向系。

7. 转向操纵机构包括_____和_____。

8. 转向盘主要由_____、_____和_____组成。

9. 转向盘柱包括_____和_____。

10. 转向轴上部与_____固定连接，下部装有_____。

11. 转向器的主要种类有_____和_____。

12. _____转向器适合与麦弗逊式独立悬架配用，常用于轿车、微型货车和轻型货车。

13. _____转向器常用于各种轻型和中型货车，也用于部分轻型越野汽车。

14. 转向传动机构主要由_____、_____、_____、_____、转向梯形臂等组成。

15. _____的作用是把_____输出的力和运动传给转向直拉杆或转向横拉杆，进而推动转向轮偏转。

16. _____是一段两端扩大的钢管。转向直拉杆的前端是球头销，后端是球头销座。

17. _____是联系左、右转向梯形臂，并使其协调工作的连接杆。

18. _____是在机械转向系的基础上加设一套转向动力装置而形成的。

19. 动力转向系按照传递能量的介质分类，可以分为_____和_____。

20. _____动力转向系在各类汽车上应用广泛。

21. 液压式动力转向系由_____、_____、_____、转向油泵、_____、_____、_____及_____等组成。

22. 液压式动力转向系按液流形式分类，可分为_____和_____。

23. 液压式动力转向系按各元件在转向装置中的相对位置分类，可分为_____和_____。

24. 液压式动力转向系按转向控制阀的运动方式分类，可分为_____和_____。

25. _____是液压式动力转向系的供能装置。

26. 转向油泵有_____、_____和_____等。

27. _____被直接安置在动力转向器总成里。

28. 通常采用的转向控制阀有两种类型：_____和_____。

29. 阀体沿_____来控制油液流量的转向控制阀，称为滑阀式控制阀。

30. 阀体绕其_____来控制油液流量的转向控制阀，称为转阀式控制阀。

二、判断题

1. 转向系是控制转向轮偏转的一整套机构。其功用是根据汽车行驶需要，改变和恢复汽车的行驶方向。　　　　　　　　　　　　　　　　　　　　　　（　　）

2. 驾驶员通过转动转向盘，将转向力矩输入转向器，经转向器增大后的力矩被传到转向传动机构。　　　　　　　　　　　　　　　　　　　　　　　　　　（　　）

3. 转向操纵机构是驾驶员用来操纵汽车转向系的工作机构。　　　　　　（　　）

4. 转向器能够将转向盘的转动变为转向摇臂的摆动或齿条轴的直线往复运动。（　　）

5. 转向传动机构能够将转向器输出的力和运动传给转向车轮。　　　　　（　　）

6. 机械转向系由转向操纵机构、转向器和转向传动系三个主要部分组成。（　　）

7. 转向盘上还安装有安全气囊、汽车喇叭按钮开关及控制转向灯开关等，以方便驾驶员操作。　　　　　　　　　　　　　　　　　　　　　　　　　　　　（　　）

8. 转向轴将驾驶员施加于转向盘的转向操纵力传给转向器的传力轴。　（　　）

9. 转向轴通过轴承支撑于转向管柱内，转向管柱被固定在车身上。　　（　　）

10. 转向轴上部与转向盘固定连接，下部装有转向器。　　　　　　　　（　　）

11. 齿轮齿条式转向器的优点：结构简单；传动效率高，操纵轻便；质量重。（　　）

12．转向直拉杆的作用是将转向摇臂传来的力和运动传给转向梯形臂。　　（　　）

13．转向横拉杆在汽车行驶过程中反复承受拉力和压力，因此多用高强度冷拉钢管制造。

（　　）

14．转向油泵将发动机的机械能变为驱动转向动力缸工作的液压能，再由转向动力缸输出受控制的转向力，并驱动转向车轮转向。　　（　　）

15．转向油罐的作用主要是储存、过滤并冷却液压转向助力装置的工作油液。（　　）

项目五

汽车制动系构造与检修

项目描述

一、汽车制动系的作用

汽车制动系的作用：根据需要使行驶中的汽车减速或在最短距离内停车，使下坡行驶的汽车车速稳定，以及使已停驶的汽车在各种道路条件下稳定驻车。

二、汽车制动系的组成

汽车制动系主要包括以下四部分。

1. 供能装置

供能装置包括供给、调节制动所需能量和改善供能介质状态的各种部件。其中，产生制动能量的部分被称为制动能源。人的肌体也可作为制动能源。

2. 制动控制装置

制动控制装置包括产生制动动作和控制制动效果的各种部件，如制动踏板。

3. 传动装置

传动装置包括将制动能量传输到制动器的各个部件，如制动主缸、制动轮缸。

4. 制动器

制动器是产生阻碍车辆运动或运动趋势的力（制动力）的部件，其中包括辅助制动系中的缓速装置。

汽车制动系的组成如图 5-1 所示。

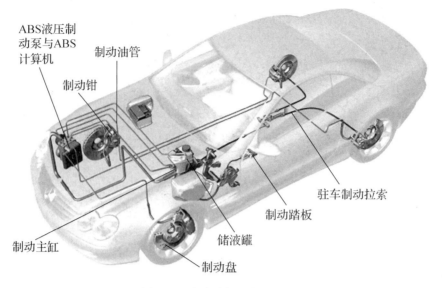

图 5-1　汽车制动系的组成

三、汽车制动系的分类

1. 按制动系的功用分类

（1）行车制动系——使行驶中的汽车减速或停车。

（2）驻车制动系——使停驶的汽车驻留原地不动。

（3）应急制动系——在行车制动系失效后使用的制动系。

（4）辅助制动系——增设的制动装置，以适应山区行驶及特殊用途汽车的需要。

2. 按制动系的制动能源分类

（1）人力制动系——以驾驶员的肌体作为制动能源的制动系。

（2）动力制动系——完全靠由发动机的动力转化而成的气压或液压形式的势能进行制动的制动系。

（3）伺服制动系——兼用人力和发动机的动力进行制动的制动系。

3. 按制动能量的传输方式分类

（1）机械制动系——以机械形式传输制动能量的制动系。

（2）液压制动系——以液压形式传输制动能量的制动系。

（3）气压制动系——以气压形式传输制动能量的制动系。

（4）电磁制动系——以电磁力形式传输制动能量的制动系。

（5）组合制动系——以多种形式传输制动能量的综合制动系。

4. 按制动回路分类

（1）单回路制动系——全车制动用一条制动回路实现的制动系。

（2）双回路制动系——全车制动用两条制动回路实现的制动系。

本项目有鼓式制动器构造与检修、盘式制动器构造与检修、制动传动装置构造与检修 3

个学习任务。通过对本项目的学习，学生可以进一步掌握汽车制动系的结构和工作原理，掌握汽车制动系的检修方法，并学会使用常用工具。

任务一 鼓式制动器构造与检修

任务目标

素养目标：

1. 培养团队合作精神。
2. 培养精益求精的工匠精神。

能力目标：

1. 能够正确选择并使用汽车底盘拆装工具。
2. 熟知鼓式制动器各组成部分的名称。
3. 能对鼓式制动器进行拆装、检查与调整。

知识目标：

1. 了解鼓式制动器的作用与结构。
2. 学会分析鼓式制动器的工作原理。
3. 了解鼓式制动器的分类及各类鼓式制动器的特点。

情景导入

一辆 2016 年的五菱鸿途汽车到修理厂进行维修。驾驶员反映，该车在制动时，需要将制动踏板踩到很低的位置。维修技师初步判断，鼓式制动器需要进行相关检查。请根据本任务所学知识对鼓式制动器进行相关检查。

知识准备

 理论知识

鼓式制动器

汽车上使用的制动器都利用固定元件与旋转元件工作表面之间的摩擦而产生制动力矩，这种制动器被称为摩擦制动器。目前，汽车常用的摩擦制动器有两种结构，即鼓式和盘式。

一、鼓式制动器的结构及工作原理

1. 鼓式制动器的结构

鼓式制动器中有一个铸造的制动鼓。制动鼓用螺栓连接在车轮上，并随车轮转动。在制

动鼓内，有一组被安装在制动底板上的制动蹄。其他部件也被安装在制动底板上，包括制动
轮缸（或制动凸轮）及制动鼓等。鼓式制动器的结构如图5-2所示。

图 5-2　鼓式制动器的结构

2. 鼓式制动器的工作原理

鼓式制动器的工作原理示意图如图5-3所示。

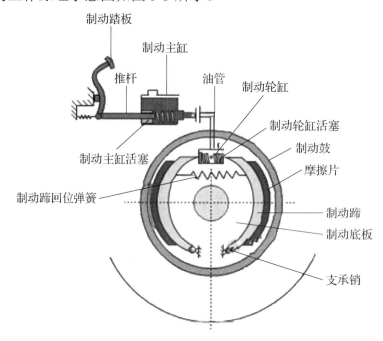

图 5-3　鼓式制动器的工作原理示意图

1）制动系不工作时的工作原理

制动鼓与制动蹄之间保持一定的间隙，车轮和制动鼓可自由转动。

2）制动时的工作原理

要使汽车减速，驾驶员需踩下制动踏板。踩下制动踏板后，利用推杆和制动主缸活塞，
使主缸油液在一定压力下流入制动轮缸，并通过两个制动轮缸活塞推动两个制动蹄绕支承销
转动，制动蹄上端向两边分开而使制动蹄的摩擦片压紧在制动鼓的内圆面上。不转的制动蹄
对旋转的制动鼓产生摩擦力矩，从而产生制动力。

3）解除制动时的工作原理

松开制动踏板时，制动蹄回位弹簧便将制动蹄拉回原位，摩擦力矩和制动力消失，制动作用即刻解除。

二、鼓式制动器的分类

1. 按制动蹄促动装置的形式分类

鼓式制动器按制动蹄促动装置的形式分类，可以分为轮缸式车轮制动器和凸轮式车轮制动器。

1）轮缸式车轮制动器

轮缸式车轮制动器（见图5-4）以制动轮缸作为制动蹄促动装置。

图 5-4　轮缸式车轮制动器

2）凸轮式车轮制动器

凸轮式车轮制动器（见图5-5）以制动凸轮作为促动装置。凸轮式车轮制动器一般用在采用气压制动系的汽车上，而且大多设计成领从蹄式。

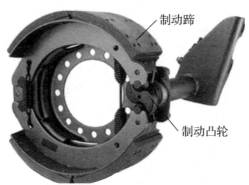

图 5-5　凸轮式车轮制动器

2. 按制动蹄的受力情况分类

鼓式制动器按制动蹄的受力情况分类，可以分为领从蹄式制动器、双领蹄式制动器和自增力式制动器。

1）领从蹄式制动器

领从蹄式制动器如图 5-6 所示。其制动蹄促动装置为一个双活塞式制动轮缸，制动蹄在弹簧拉力的作用下向制动轮缸活塞靠近。两个制动蹄各有一个支点，一个制动蹄在轮缸促动力作用下，张开时的旋转方向与制动鼓的旋转方向一致，称为领蹄；另一个制动蹄张开时的旋转方向与制动鼓的旋转方向相反，称为从蹄。领蹄在摩擦力的作用下，蹄和鼓之间的正压力较大，制动作用较强。从蹄在摩擦力的作用下，蹄和鼓之间的正压力较小，制动作用较弱。

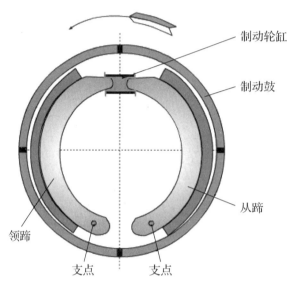

图 5-6　领从蹄式制动器

2）双领蹄式制动器

双领蹄式制动器又分为单向双领蹄式制动器和双向双领蹄式制动器。

（1）单向双领蹄式制动器（见图 5-7）。

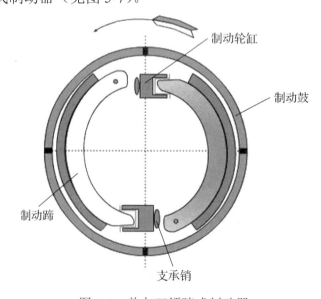

图 5-7　单向双领蹄式制动器

单向双领蹄式制动器的两个制动蹄各有一个单向活塞制动轮缸，并且前后制动蹄与其制动轮缸、调整凸轮等零件在制动底板上的布置是中心对称的，两制动轮缸用油管连接。其性能特点是：前进制动时，两蹄均为领蹄，有较大的增力；倒车制动时，两蹄均为从蹄，制动力较小。

（2）双向双领蹄式制动器（见图5-8）。

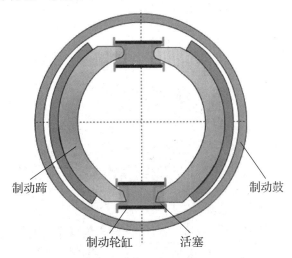

图 5-8　双向双领蹄式制动器

双向双领蹄式制动器使用了两个双活塞式制动轮缸，制动蹄、制动轮缸、回位弹簧均为成对地对称布置。两个制动蹄的两端采用浮式支承方式，并且支点可在径向位置浮动，用回位弹簧拉紧。其性能特点是：在汽车前进或倒车中制动时，两个制动蹄均为领蹄，均有较大的增力，制动效果好，蹄片磨损均匀。

3）自增力式制动器

自增力式制动器又分为单向自增力式制动器和双向自增力式制动器。

（1）单向自增力式制动器（见图5-9）。

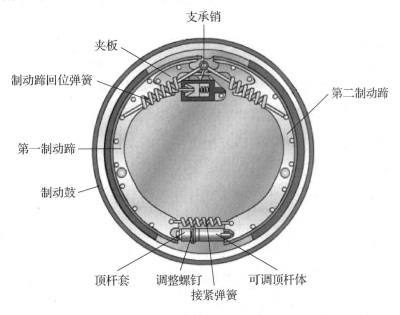

图 5-9　单向自增力式制动器

单向自增力式制动器的两个制动蹄只有一个单活塞式制动轮缸，第二制动蹄的促动力来自第一制动蹄对顶杆的推力。两个制动蹄在汽车前进时均为领蹄。在汽车倒车制动时，第一制动蹄虽为领蹄，但因制动力臂大大减少，而第二制动蹄又不起制动作用，所以制动效能很低。

（2）双向自增力式制动器（见图 5-10）。

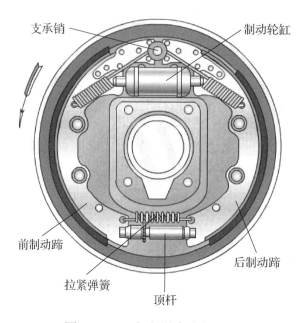

图 5-10 双向自增力式制动器

双向自增力式制动器采用一个双活塞式制动轮缸。两个制动蹄的上端贴靠在一个支承销上，下端分别浮支在浮动的顶杆的两端。其工作特点是：制动鼓在正向和反向旋转时，均能借助蹄与鼓的摩擦而起到自动增力作用，制动效能高，并且制动效能对称。

三、驻车制动器

驻车制动器俗称手刹。它的特点：可使停驶的汽车驻留原地不动，便于汽车在坡道上起步；行车制动器失效后，须临时使用驻车制动器或配合行车制动器进行紧急制动。驻车制动器按其安装位置分类，可分为中央制动式驻车制动器和车轮制动式驻车制动器。

1）中央制动式驻车制动器

中央制动式驻车制动器被安装在变速器或分动器的后面，制动力矩作用在传动轴上。

2）车轮制动式驻车制动器

车轮制动式驻车制动器和行车制动装置共用一套制动器（只是传动机构是相互独立的），前者结构简单、紧凑，已在轿车上得到普遍应用。图 5-11 所示为拉索式机械操纵驻车制动系。

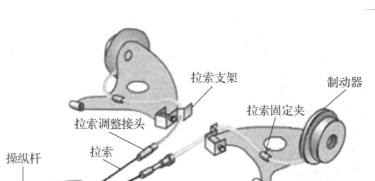

图 5-11　拉索式机械操纵驻车制动系

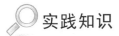 实践知识

鼓式制动器的拆装

图　　示	步　　骤
1. 鼓式制动器的拆卸	
	按照举升机的操作规程把车辆举升到合适的高度
	松开驻车制动器，将变速杆置于空挡位置
	取出已拧松的轮胎螺母，并取下后轮

图　　示	步　　骤
	取下制动鼓
	用尖嘴钳钳住拉紧弹簧的右端，向右侧拉伸拉紧弹簧，使其弹簧钩脱离右侧制动蹄的上孔
	用尖嘴钳夹紧制动蹄定位弹簧锁片的外圈，另一只手固定住制动底板后的定位销钉头，避免定位销钉跟转。夹紧锁片的尖嘴钳往里压缩弹簧并转动90°，锁片便脱离销钉，随即取下定位销钉、压紧弹簧及锁片等组件。 　用同样的方法取下另一个制动蹄的定位销钉、压紧弹簧及锁片等组件
	用力拉制动蹄的下端，并使其脱离制动底板的定位槽。用力拉另一个制动蹄的下端，并使其脱离制动底板的定位槽。取下两个制动蹄下端的拉紧弹簧，此时拉紧弹簧已没有弹力

图　　示	步　　骤
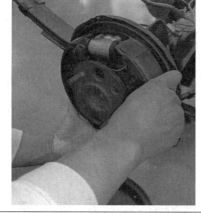	两手分别拿住两个制动蹄，使上端的拉紧弹簧、调整杆等沿着制动轮缸与半轴法兰的空隙移出，整体取下制动蹄片
	压缩弹簧，移动手刹拉杆，取下手刹线

2. 鼓式制动器的安装

	安装间隙自调拨片，使其卡在手刹拉杆的固定销轴上。安装调整推杆，使拨片进入其小卡槽内，使制动蹄进入其大卡槽内，使间隙自调机构拉紧弹簧的另一端钩在另一个制动蹄对应的孔上，并使制动蹄的相应位置卡在调整推杆的卡槽内
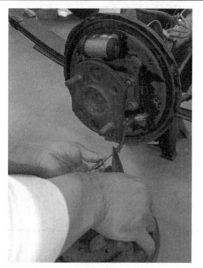	把两个制动蹄翻转过来，左手拿有手刹拉杆的这个制动蹄，并使拉杆朝外，移动到手刹线下面，动作不能过大，避免制动蹄上端安装好的组件散开。压缩手刹线的弹簧，使手刹线扣在拉杆的卡槽内

图　示	步　骤
	安装好制动蹄下端的回位弹簧，使其中一个制动蹄的下端进入制动底板的固定槽内。用手拉另一个制动蹄的下端，使其进入另一边的固定槽内
	安装制动蹄的定位销、压紧弹簧及锁片等组件。使弹簧座垫的凸起部位朝外，并使锁片的凸起部位朝内，垫片和锁片可互换。用手钉好销钉的一端，用尖嘴钳夹紧锁片往里压缩弹簧，并使锁片转动90°，锁片便卡在销钉上。用同样的方法安装好另一个制动蹄的定位销、压紧弹簧及锁片等组件
	安装制动蹄上部的拉紧弹簧
	安装制动鼓。安装前要把制动鼓内工作面及摩擦片表面擦拭干净。用手转动制动鼓，不能有卡滞现象。如果有，则应调小间隙或砂磨摩擦片。 安装车轮。交叉分多次拧紧轮胎螺栓。用扭力扳手按规定力矩拧紧轮胎螺栓。 5S管理。 结束

任务实施与评价

项　　目	评 分 标 准	分　　值	得　　分
接收工作任务	明确工作任务是鼓式制动器的拆装与检修	5	
收集信息	了解鼓式制动器的组成部件	10	
	了解鼓式制动器的分类	10	
制订计划	能制订出鼓式制动器拆装与检修实训计划	10	
	能协同小组人员安排任务分工	5	
	能在计划实施前准备好本次实训的工具、器材	5	
计划实施	规范使用举升机举升车辆	10	
	拆装鼓式制动器	15	
	鼓式制动器检修注意事项	5	
	鼓式制动器检修要求	5	
质量检查	任务是否完成，安全意识、5S管理是否到位	10	
评价反馈	学生是否完成了心得体会和自我评价的总结	10	
分数合计		100	
综合评价	□优秀　　□良好　　□合格　　□不合格		

任务测试

一、填空题

1．目前，汽车常用的摩擦制动器有两种结构，即_____和_____。

2．鼓式制动器中的_____用螺栓连接在车轮上，并随车轮转动。

3．在制动鼓内，有一组被安装在制动底板上的_____。

4．鼓式制动器按制动蹄促动装置的形式分类，可分为_____和_____。

5．鼓式制动器按制动蹄的受力情况分类，可分为_____、_____和_____。

6．双领蹄式制动器可分为_____和_____。

7．自增力式制动器可分为_____和_____。

8．驻车制动器按其安装位置分类，可以分为_____和_____。

9．轿车上普遍应用的驻车制动器是_____。

二、判断题

1．汽车上使用的制动器都利用固定元件与旋转元件工作表面之间的摩擦而产生制动力矩。　　　　　　　　　　　　　　　　　　　　　　　　　　　　（　　）

2．汽车上使用的制动器被称为摩擦制动器。　　　　　　　　　　（　　）

3．要使汽车减速，驾驶员需踩下制动踏板。　　　　　　　　　　（　　）

4．制动时，不转的制动蹄对旋转的制动鼓产生摩擦力矩，从而不产生制动力。（　　）

5．松开制动踏板时，制动蹄回位弹簧便将制动蹄拉回原位，摩擦力矩和制动力消失，制动作用即刻解除。　　　　　　　　　　　　　　　　　　　（　　）

6. 轮缸式车轮制动器以制动轮缸作为制动蹄促动装置。 （　　　）

7. 凸轮式车轮制动器以凸轮作为促动装置。 （　　　）

8. 在轮缸促动力作用下，张开时的旋转方向与制动鼓的旋转方向一致的制动蹄被称为领蹄。 （　　　）

9. 在轮缸促动力作用下，张开时的旋转方向与制动鼓的旋转方向相反的制动蹄被称为从蹄。 （　　　）

10. 领蹄在摩擦力的作用下，蹄和鼓之间的正压力较大，制动作用较强。 （　　　）

11. 从蹄在摩擦力的作用下，蹄和鼓之间的正压力较小，制动作用较弱。 （　　　）

12. 单向双领蹄式制动器的性能特点是：前进制动时，两蹄均为领蹄，有较大的增力。 （　　　）

13. 单向双领蹄式制动器的性能特点是：倒车制动时，两蹄均为从蹄，制动力较小。 （　　　）

14. 双向双领蹄式制动器的性能特点是：在汽车前进或倒车中制动时，两个制动蹄均为领蹄，均有较大的增力，制动效果好，蹄片磨损均匀。 （　　　）

15. 单向自增力式制动器在汽车倒车制动时，制动效能很低。 （　　　）

16. 双向自增力式制动器的工作特点是：制动鼓在正向和反向旋转时，均能借助蹄与鼓的摩擦而起到自动增力作用，制动效能高，并且制动效能对称。 （　　　）

17. 驻车制动器俗称手刹，可使停驶的汽车驻留原地不动，便于汽车在坡道上起步。 （　　　）

18. 中央制动式驻车制动器被安装在变速器或分动器的后面，制动力矩作用在传动轴上。 （　　　）

19. 车轮制动式驻车制动器和行车制动装置共用一套制动器，前者结构简单、紧凑，已在轿车上得到普遍应用。 （　　　）

三、选择题

1. 制动器制动时，两个制动蹄绕（　　　）转动。

　　A．主销　　　　　　B．支承销　　　　　　C．定位销　　　　D．锁销

2. 下列部件中，（　　　）被安装在制动底板上。

　　A．制动主缸　　　B．制动踏板　　　　　C．制动盘　　　　D．制动轮缸

3. 制动器制动时，制动蹄上端向两边分开而使制动蹄的（　　　）压紧在制动鼓的内圆面上。

　　A．摩擦片　　　　B．制动主缸　　　　　C．定位销　　　　D．制动轮缸

4. 领从蹄式制动器的制动蹄促动装置为一个（　　　）制动轮缸。

　　A．固定活塞式　　B．活动活塞式　　　　C．单活塞式　　　D．双活塞式

5. 单向双领蹄式制动器的两个制动蹄各有（　　　）个单向活塞制动轮缸。

    A．一   B．两   C．三   D．四

6. 双向双领蹄式制动器使用了（　　　）个双活塞式制动轮缸。

    A．一   B．两   C．三   D．四

7. 双向双领蹄式制动器两个制动蹄的两端采用浮式支承方式，并且支点可在（　　　）位置浮动。

    A．横向   B．竖向   C．径向   D．垂向

8. 鼓式制动器的零部件都被安装在（　　　）上。

    A．制动鼓   B．制动轮缸   C．车轮   D．制动底板

9. 制动系不工作时，制动鼓与制动蹄之间保持一定的间隙，车轮和制动鼓可（　　　）。

    A．固定不动   B．自由转动   C．偶尔转动   D．偶尔固定不动

10. 凸轮式车轮制动器一般用在采用（　　　）制动系的汽车上。

    A．气压   B．高压   C．液压   D．低压

任务二　盘式制动器构造与检修

任务目标

素养目标：

1. 培养团队合作精神。

2. 培养良好的环保意识。

能力目标：

1. 能够正确选择并使用汽车底盘拆装工具。

2. 熟知盘式制动器各组成部分的名称。

3. 能够对盘式制动器进行拆装、检查与调整。

知识目标：

1. 了解盘式制动器的分类。

2. 学会分析盘式制动器的工作原理。

3. 了解盘式制动器的分类及各类盘式制动器的特点。

情景导入

一辆2016年的五菱鸿途汽车到修理厂进行维修。驾驶员反映，该车在制动时，需要将制动踏板踩到很低的位置。维修技师初步判断，盘式制动器需要进行相关检查。请根据本任务所学知识对盘式制动器进行相关检查。

🔍 理论知识

盘式制动器

大部分汽车采用了前盘后鼓式制动器，不过高级轿车的前、后轮上多数采用了盘式制动器。盘式制动器如图 5-12 所示。

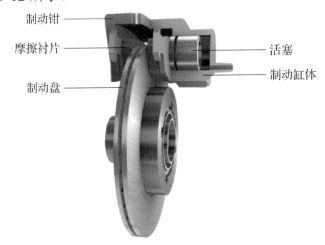

图 5-12　盘式制动器

制动压力垂直作用于转动的制动盘上，如图 5-13 所示。与鼓式制动器不同，盘式制动器没有自增力作用，也就是说，盘式制动器需要比鼓式制动器更大的作用力，才能达到与鼓式制动器相同的制动效果。因此，盘式制动器通常应用于助力制动系。

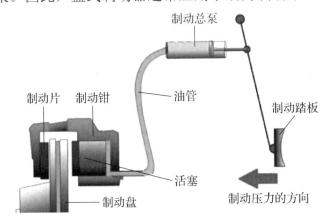

图 5-13　制动压力的方向

由制动盘和制动钳组成的盘式制动器被称为钳盘式制动器。钳盘式制动器采用两个制动片和一个制动盘来产生车辆制动必需的摩擦力。

钳盘式制动器的活塞被安装在制动钳里或固定在制动钳上。制动钳不转动，因为它与汽车底盘相连。

钳盘式制动器根据制动钳固定在支架上的结构形式的不同，可分为固定钳盘式制动器和浮钳盘式制动器。

一、固定钳盘式制动器

固定制动钳总成被直接安装在车架或转向节上，每个制动片由一个制动轮缸活塞推动。固定钳盘式制动器的工作原理如图5-14所示。

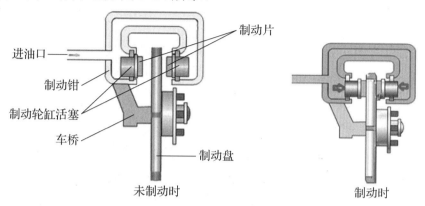

图 5-14　固定钳盘式制动器的工作原理

制动盘被固定在轮毂上。制动钳被固定在车桥上，不能旋转，也不能沿制动盘轴线方向移动。制动钳内装有两个制动轮缸活塞，分别压住制动盘两侧的制动片。制动时，制动油液从制动总泵（制动主缸）开始，经进油口进入钳体中两个相通的液压腔内，将两侧的制动片压向与车轮固定连接的制动盘，从而产生制动。

二、浮钳盘式制动器

在浮钳盘式制动器中，制动钳的壳体被允许在支架上轻微滑动。它只有一侧有活塞，另一侧只有一个制动片。浮钳盘式制动器的工作原理如图5-15所示。

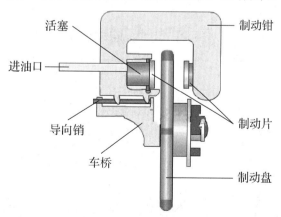

图 5-15　浮钳盘式制动器的工作原理

制动时，液压油通过进油口进入制动油缸，推动活塞及其上的制动片向右移动，并压到制动盘上，使制动油缸连同制动钳整体沿销钉向左移动，直到制动盘右侧的制动片也压到制动盘上并夹住制动盘，使其制动。

与固定钳盘式制动器相比，浮钳盘式制动器的轴向和径向尺寸更小，而且制动液受热气化的机会较少。此外，浮钳盘式制动器在兼作行车和驻车制动器的情况下，只需在行车制动钳油缸附近加装一些用以推动油缸活塞的驻车制动机械传动零件即可。浮钳盘式制动器逐渐取代了固定钳盘式制动器。

三、盘式制动器与鼓式制动器的性能对比

（1）与鼓式制动器相比，盘式制动器具有以下优点。

① 工作表面是平面，不易发生较大变形，制动效能较为稳定。

② 浸水后，效能降低较少，而且只需经一两次制动即可恢复正常。

③ 在输出制动力矩相同的情况下，尺寸和质量一般较小。

④ 热稳定性好，制动盘只在径向膨胀，沿厚度方向的热膨胀量极小，不影响制动性能。

⑤ 较容易实现间隙自动调整，其他保养、修理作业也较简便。

（2）与鼓式制动器相比，盘式制动器具有以下缺点。

① 效能较低，因此在用于液压制动系时，所需制动管路的压力较高，一般要采用伺服机构。

② 在兼用于驻车制动时，需要加装的驻车制动传动装置更复杂，因而在后轮上的应用受到限制。

目前，盘式制动器已广泛应用于轿车，除一些高性能轿车外，大多只用作前轮制动器，与后轮的鼓式制动器配合使用，可使汽车在较高车速下保持制动时的方向稳定性。在货车上，盘式制动器也有一定的应用。

 实践知识

拆装盘式制动器

图　　示	步　　骤
1. 拆卸	
	按照前面的步骤，把车辆举升到合适的高度，并拆下前轮

图 示	步 骤
	用扳手旋出卡钳上的两条导向杆与卡钳（制动钳）支架的固定螺栓
	用一字起撬内摩擦片以压缩制动轮缸活塞，使摩擦片与制动盘有一定的间隙。 对背面有铆钉等表面不平的摩擦片来说，这一步一定要做，不然取不出制动钳
	取下制动钳，并用铁丝钩在或用绳子挂在减振弹簧上，避免刹车软管受损
	取下外摩擦片
	取下内摩擦片

图　　示	步　　骤
2．检查	
	（1）制动盘厚度检查。用千分尺在制动盘上 4 个或更多的点处测量其厚度，测量结果应符合相应车型的规定值。每个测量点与制动盘缘之间的距离应相同
	（2）制动盘端面跳动检查。将百分表支架固定在转向节上。务必使百分表的触点与制动盘表面在距制动盘缘约 10mm 处接触。将百分表调零。使制动盘转动一圈，百分表上指示的跳动量应符合相应车型的规定值。 如果制动盘端面跳动超过 0.1mm，则加工或更换制动盘。如果制动盘端面跳动不超过 0.1mm，则调整（使制动盘相对转过 1～2 个固定螺栓位）或更换制动盘
	（3）摩擦片的检查。用游标卡尺测量摩擦片的厚度，测量结果应符合相应车型的规定值，否则应更换摩擦片。另外，摩擦片如有裂纹、烧焦等，也应更换
3．制动盘的更换	
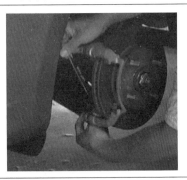	拧松并取出制动钳支架与转向节连接的两根固定螺栓
	取出制动钳支架

图　示	步　骤
	用棘轮扳手套上螺丝刀松出制动盘的固定螺栓
	取出制动盘。制动盘、制动钳及摩擦片的安装与上述过程刚好相反，不再赘述。 从总体上讲，盘式制动器的拆装要比鼓式制动器的拆装简单许多
4．润滑	
	在安装制动钳时，应对两根导向杆及护罩用硅基润滑脂进行润滑
5．紧固	
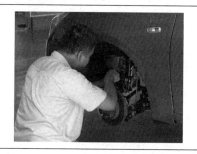	用扭力扳手按规定力矩把制动钳支架固定螺栓、两根制动钳导向杆与支架之间的固定螺栓拧紧。 制动钳支架固定螺栓的扭矩为 80N·m
6．制动盘与摩擦片的磨合	
	更换好摩擦片后，需要对新制动面进行磨合；对制动盘进行表面修整或更换制动盘后，磨合新制动面。 在 48km/h 的车速下，进行 20 次刹车，对新制动面进行磨合。用中等偏大的力踩制动踏板，制动器不能过热。 在条件允许的情况下，对制动性能进行路试。 5S 管理。 结束

任务实施与评价

项　　目	评 分 标 准	分　　值	得　　分
接收工作任务	明确工作任务是盘式制动器的拆装与检修	5	
收集信息	了解盘式制动器的组成部件	10	
	了解盘式制动器的分类	10	
制订计划	能制订出盘式制动器拆装与检修实训计划	10	
	能协同小组人员安排任务分工	5	
	能在计划实施前准备好本次实训的工具、器材	5	
计划实施	规范使用举升机举升车辆	10	
	拆装盘式制动器	15	
	盘式制动器检修注意事项	5	
	盘式制动器检修要求	5	
质量检查	任务是否完成，安全意识、5S 管理是否到位	10	
评价反馈	学生是否完成了心得体会和自我评价的总结	10	
分数合计		100	
综合评价	□优秀　　　□良好　　　□合格　　　□不合格		

任务测试

一、填空题

1. 由_____和_____组成的盘式制动器被称为钳盘式制动器。

2. 钳盘式制动器采用两个_____和一个_____来产生车辆制动必需的摩擦力。

3. 钳盘式制动器根据制动钳固定在支架上的结构形式的不同，可分为_____和_____。

4. 固定制动钳总成被直接安装在车架或转向节上，每个_____由一个制动轮缸活塞推动。

5. 盘式制动器由_____、_____、_____、活塞、_____组成。

6. 制动钳_____，因为它与汽车底盘相连。

7. 固定钳盘式制动器的_____被固定在轮毂上。

8. 固定钳盘式制动器的_____被固定在车桥上，不能旋转，也不能沿制动盘轴线方向移动。

9. 与固定钳盘式制动器相比，_____的轴向和径向尺寸更小，而且制动液受热气化的机会较少。

二、判断题

1. 盘式制动器的工作表面是平面，易发生较大变形，制动效能较为稳定。　　（　　　）

2. 与鼓式制动器相比，盘式制动器浸水后，效能降低较多，而且只需经一两次制动即可恢复正常。　　（　　　）

3. 与鼓式制动器相比，盘式制动器在输出制动力矩相同的情况下，尺寸和质量一般较大。

（　　）

4. 盘式制动器的热稳定性好，制动盘只在径向膨胀，沿厚度方向的热膨胀量极大，不影响制动性能。

（　　）

5. 与鼓式制动器相比，盘式制动器的效能较高，因此在用于液压制动系时，所需制动管路的压力较高，一般要采用伺服机构。

（　　）

6. 盘式制动器在兼用于驻车制动时，需要加装的驻车制动传动装置更复杂，因而在后轮上的应用受到限制。

（　　）

7. 目前，鼓式制动器已广泛应用于轿车。

（　　）

三、选择题

1. 下列选项中，不属于盘式制动器零部件的是（　　）。

    A．制动盘   B．制动蹄   C．制动钳   D．摩擦衬片

2. 下列选项中，不属于盘式制动器零部件的是（　　）。

    A．活塞   B．制动钳   C．制动蹄   D．摩擦衬片

3. 钳盘式制动器的活塞被安装在制动钳里或固定在（　　）上。

    A．制动盘   B．制动蹄   C．制动钳   D．摩擦衬片

4. 盘式制动器需要比鼓式制动器（　　）的作用力，才能达到与鼓式制动器相同的制动效果。

    A．一样   B．更小   C．更大   D．忽大忽小

任务三 制动传动装置构造与检修

任务目标

素养目标：

1. 培养团队合作精神。

2. 培养耐心、细致的工作态度。

能力目标：

1. 能正确选择并使用汽车底盘拆装工具。

2. 熟知制动传动装置各组成部分的结构。

3. 能对制动传动装置进行拆装及检查。

4. 能进行制动液的更换及管路中空气的排放。

知识目标：

1. 了解制动传动装置的作用。

2. 知道液压式制动传动装置的组成。

情景导入

一辆2016年的五菱鸿途汽车到修理厂进行维修。驾驶员反映，该车在制动时，制动踏板发软，制动力很小，需要将制动踏板踩到很低的位置。维修技师初步判断，制动传动装置需要进行相关检查。请根据本任务所学知识对制动传动装置进行相关检查。

知识准备

理论知识

制动传动装置

制动传动装置的作用是将驾驶员或其他动力源的作用传到制动器，同时控制制动器的工作，从而获得所需要的制动力矩。制动传动装置根据传力介质的不同，可分为液压式制动传动装置和气压式制动传动装置。目前，中、小型汽车，尤其是轿车，均采用液压式制动传动装置，并带有真空助力装置。气压式制动传动装置多用于中、重型汽车。下面主要对液压式制动传动装置进行讲解。

液压式制动传动装置的组成

液压式制动传动装置利用特制油液作为传力介质，将制动踏板力转换为液压力，并通过管路将液压力传至车轮制动器，再将液压力转变为驱动制动器工作的机械力。液压式制动传动装置主要由制动踏板、推杆、真空助力器、储液罐、制动主缸、制动轮缸、制动管路、接头等组成。液压式制动传动装置的组成如图5-16所示。

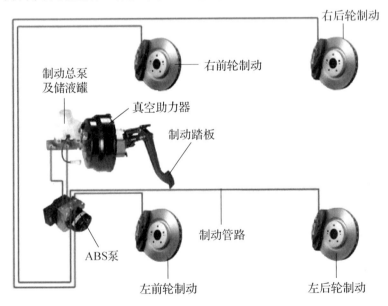

图5-16　液压式制动传动装置的组成

制动时，驾驶员踩下制动踏板，通过助力器助力，使制动主缸活塞移动，将制动液自制动主缸内压出，并使之经制动管路分别进入前、后轮制动轮缸内，使制动轮缸活塞移动，将制动蹄压靠在制动鼓、制动盘上，从而产生制动作用。解除制动时，驾驶员放松制动踏板，制动蹄和制动轮缸活塞在回位弹簧的作用下回位，将制动液压回制动主缸，制动作用解除。

1. 制动主缸

制动主缸的作用是将自制动踏板处输入的机械力转换成液压力。

1）制动主缸的结构

制动主缸的结构示意图如图 5-17 所示。

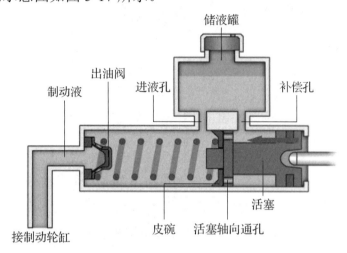

图 5-17　制动主缸的结构示意图

2）制动主缸的工作原理

（1）汽车制动时的工作原理。

汽车制动时，推杆推动活塞和皮碗向前移动，皮碗挡住补偿孔，制动液压力升高并经出油阀、制动管路进入制动轮缸，如图 5-18 所示。

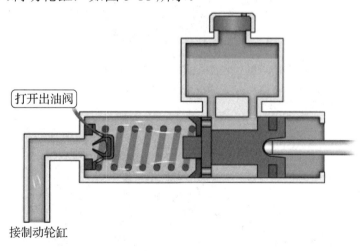

图 5-18　制动主缸的工作原理（汽车制动时）

（2）汽车解除制动时的工作原理。

汽车解除制动时，活塞在回位弹簧的作用下迅速回位，制动液由活塞后腔经补偿孔进入活塞前腔，补偿活塞前腔形成的低压，如图 5-19 所示。

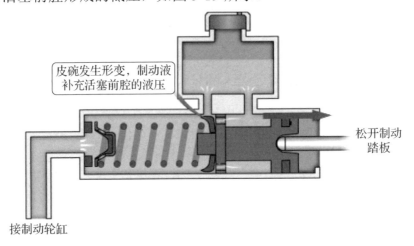

图 5-19　制动主缸的工作原理（汽车解除制动时）

2. 制动轮缸

制动轮缸的作用是把制动主缸传来的液压力转变为制动轮缸活塞的推力，推动制动蹄压靠在制动鼓上，产生制动作用。制动轮缸有双活塞式制动轮缸和单活塞式制动轮缸。图 5-20 和图 5-21 所示分别为双活塞式制动轮缸的实物图和结构分解图，缸体用螺栓固定在制动底板上，缸内有两个活塞、两个皮碗。活塞外端的凸台孔内压有顶块，顶块与制动蹄的上端抵紧。制动时，来自制动主缸的制动液经油管接头和进油孔进入两活塞之间的油腔，将活塞向外推开，通过顶块推动制动蹄，引发车轮的制动。

图 5-20　双活塞式制动轮缸的实物图

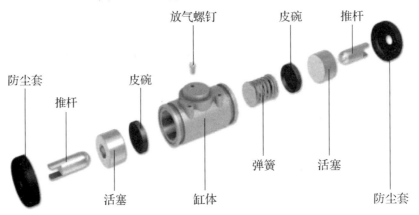

图 5-21　双活塞式制动轮缸的结构分解图

3. 真空助力器

真空助力器被安装在制动踏板与制动总泵之间，利用真空泵产生的真空和大气压力之差，将制动效果提高几倍，使踩制动踏板时省力，保证安全、迅速地制动。真空助力器和制动总泵的位置示意图如图 5-22 所示。

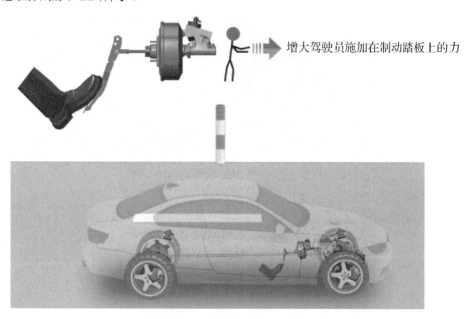

增大驾驶员施加在制动踏板上的力

图 5-22　真空助力器和制动总泵的位置示意图

1）真空助力器的结构

真空助力器由推杆、前壳体、控制阀体、过滤器、真空阀弹簧、空气阀弹簧、阀座、橡胶阀、柱塞、反作用盘、顶杆、膜片、膜片回位弹簧及后壳体组成，如图 5-23 所示。

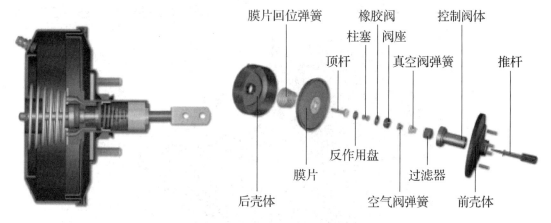

图 5-23　真空助力器的结构

2）真空助力器的工作原理

（1）汽车制动时的工作原理。

当来自制动踏板的力推动助力器推杆向前运动时，空气阀也随之运动，使真空阀门关闭，将前、后腔气室隔离。接着，空气阀打开，大气进入后腔气室，由此产生的前、后腔气压差推动气室膜片、气室膜板带着活塞外壳向前运动。此时，装配在制动主缸推杆组件里的橡胶反作用盘受到空气阀和活塞外壳的推力作用，再通过制动主缸推杆组件将推力施加在主缸第一活塞上。制动主缸内产生的油压一方面传递给制动轮缸，另一方面作为反作用力经助力器推杆传递回制动踏板，使驾驶员产生踏板感。真空助力器的工作原理（汽车制动时）如图 5-24 所示。

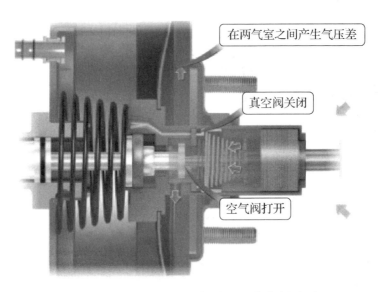

在两气室之间产生气压差

真空阀关闭

空气阀打开

图 5-24　真空助力器的工作原理（汽车制动时）

（2）汽车解除制动时的工作原理。

当松开制动踏板时，在助力器推杆回位弹簧的作用下，助力器推杆带动空气阀向后运动，先关闭空气阀，继续运动将开启真空阀门，助力器前、后腔气室连通，真空重新建立。与此同时，在膜片回位弹簧的作用下，气室膜片、气室膜片隔板、活塞外壳组件回到初始位置，真空助力器处于自然状态。真空助力器的工作原理（汽车解除制动时）如图 5-25 所示。

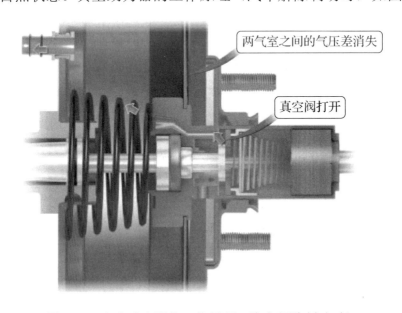

两气室之间的气压差消失

真空阀打开

图 5-25　真空助力器的工作原理（汽车解除制动时）

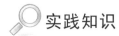实践知识

制动液的更换及管路中空气的排放

图　　示	步　　骤
1. 制动系泄漏检查	
	检查制动总泵、储液罐及各制动轮缸的油管接头、油管，应无漏油现象
2. 排放制动液	
	制动液的排放一般由两至三人配合完成。首先一人进入驾驶室内，然后将车辆举升至合适的高度并可靠锁止
	把塑料软管的一端插到制动轮缸的放气阀上，另一端放入接油容器内
	用 8～10mm 的开口扳手拧松放气阀
	驾驶室内的人首先放松驻车制动操纵手柄，然后不断踩踏制动踏板

图　示	步　骤
	另一人观察塑料软管中油液的流出情况，直至无油液流出，此时告知驾驶室内的人停止踩踏制动踏板。锁紧放气阀。 用同样的方法排出左后、右前及左前制动轮缸和管路中的制动液

3．清洗制动管路

	降下车辆，给储液罐加满制动液（在"max"刻度线下）
	将车辆举升至适当的高度，再次把塑料软管与容器连接起来，拧松放气阀
	驾驶室内的人不断踩踏制动踏板
	观察排出的制动液的色泽，当看到新鲜的制动液流出时，停止踩踏制动踏板。锁紧放气阀，并取下塑料软管。 用同样的方法清洗左后、右前及左前制动轮缸和管路。 在清洗管路的过程中，要注意补充制动液

图　示	步　骤
4.排放空气	
	用塑料软管把右后车轮制动轮缸的放气阀与容器连起来。 　排放顺序应从距离制动总泵最远的制动轮缸依次开始
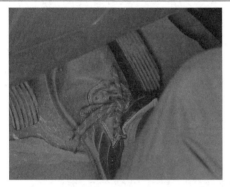	（1）降下驾驶室窗，连续踩踏制动踏板数次，然后把踏板踩到底，然后不动，告知在车外操作的人员开始排空气，口号为"放"
	（2）用开口扳手拧松放气阀，此时气泡和油液会迅速排出。当压力下降、油液流出时，锁紧放气阀（在锁紧放气阀之前，在驾驶室内操作的人员不能松开制动踏板）。告知在驾驶室内操作的人员踩踏制动踏板，口号为"踩"。 　重复步骤（1）、（2）多次，直至容器中没有气泡排出为止。 　用同样的方法排出左后、右前及左前制动轮缸的空气。 　在排出空气的过程中，要及时补充制动液
5.运行试验	
	检查管路中是否残留有空气。踩踏制动踏板数次，如果每次踩下踏板的高度都保持不变，则说明管路中没有空气；如果踩下制动踏板的高度一次比一次大，则说明管路中还有空气，要继续进行空气排放。 　排完空气后，使车辆降至地面最小高度，踩下制动踏板，保持不动，分别转动前、后车轮。如果每个车轮都不能转动，则说明液压制动系的工作基本正常

图 示	步 骤
	松开制动踏板，再次转动各车轮。如果能转动自如，则说明液压制动回位正常。 当有条件时，可进行制动距离试验。 5S管理。 结束

任务实施与评价

项　目	评 分 标 准	分　值	得　分
接收工作任务	明确工作任务是制动液的更换及管路中空气的排放	5	
收集信息	了解制动传动装置的组成部件	10	
	了解制动传动装置的分类	10	
制订计划	能制订制动液的更换及管路中空气的排放实训计划	10	
	能协同小组人员安排任务分工	5	
	能在计划实施前准备好本次实训的工具、器材	5	
计划实施	规范使用举升机举升车辆	10	
	制动液的更换及管路中空气的排放	15	
	制动液的更换及管路中空气的排放注意事项	5	
	制动液的更换及管路中空气的排放操作要求	5	
质量检查	任务是否完成，安全意识、5S管理是否到位	10	
评价反馈	学生是否完成了心得体会和自我评价的总结	10	
分数合计		100	
综合评价	□优秀　　　　□良好　　　　□合格　　　　□不合格		

任务测试

一、填空题

1. ＿＿＿＿＿＿的作用是将驾驶员或其他动力源的作用传到＿＿＿＿＿＿，同时控制制动器的工作，从而获得所需要的＿＿＿＿＿＿。

2. 制动传动装置根据传力介质的不同，可分为＿＿＿＿＿＿和＿＿＿＿＿＿。

3. 中、小型汽车，尤其是轿车，均采用＿＿＿＿＿＿制动传动装置，并带有真空助力装置。

4. ＿＿＿＿＿＿制动传动装置多用于中、重型汽车。

5. 液压式制动传动装置主要由＿＿＿＿＿＿、＿＿＿＿＿＿、＿＿＿＿＿＿、储液罐、＿＿＿＿＿＿、＿＿＿＿＿＿、制动管路、接头等组成。

6. ＿＿＿＿＿＿的作用是将自制动踏板处输入的机械力转换成液压力。

7. ＿＿＿＿＿＿的作用是把制动主缸传来的液压力转变为制动轮缸活塞的推力。

8. _____有双活塞式制动轮缸和单活塞式制动轮缸。

9. _____被安装在制动踏板与制动总泵之间，利用真空泵产生的真空和大气压力之差，将制动效果提高几倍。

10. 真空助力器由_____、_____、_____、过滤器、_____、_____、阀座、_____、_____、反作用盘、顶杆、_____、_____及_____组成。

二、判断题

气压制动传动装置利用特制油液作为传力介质。 （ ）

反侵权盗版声明

电子工业出版社依法对本作品享有专有出版权。任何未经权利人书面许可，复制、销售或通过信息网络传播本作品的行为；歪曲、篡改、剽窃本作品的行为，均违反《中华人民共和国著作权法》，其行为人应承担相应的民事责任和行政责任，构成犯罪的，将被依法追究刑事责任。

为了维护市场秩序，保护权利人的合法权益，我社将依法查处和打击侵权盗版的单位和个人。欢迎社会各界人士积极举报侵权盗版行为，本社将奖励举报有功人员，并保证举报人的信息不被泄露。

举报电话：（010）88254396；（010）88258888

传　　真：（010）88254397

E-mail：dbqq@phei.com.cn

通信地址：北京市万寿路 173 信箱

　　　　　电子工业出版社总编办公室

邮　　编：100036

汽车底盘维修
工作页

目 录
CONTENTS

项目一　任务工作页

课程：汽车底盘维修			学习任务：汽车底盘的认识		
班级：		学号：	组别：		日期：
小组成员：					
指导教师：			参考学时：		
实训目标	1．通过实物了解汽车底盘的组成部件。 2．熟悉汽车底盘中各系统的安装位置。 3．掌握汽车底盘的作用与组成。 4．掌握汽车底盘的各种驱动形式。				

一、接收工作任务	成绩：

工作任务：_____

_____

_____

_____

_____

_____。

二、收集信息	成绩：

1．写出下图所示汽车底盘中各系统的名称。

1	
2	
3	
4	

2．写出下图所示传动系中各部分的名称。

1	
2	
3	
4	

3. 写出下图所示行驶系中各部分的名称。

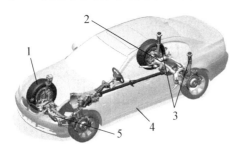

1	
2	
3	
4	
5	

4. 写出下图所示转向系中各部分的名称。

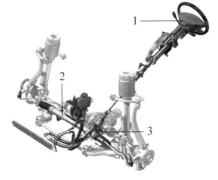

1	
2	
3	

5. 写出下图所示制动系中各部分的名称。

1	
2	
3	
4	
5	

三、制订计划	成绩：

1. 请根据车辆作业前场地准备要求，制订车辆停放检查与安全防护、工具设备及场地检查作业计划。

作业流程		
序号	作业项目	操作要点
1		
2		
3		
4		
计划审核	审核意见： 年　月　日　　签字：	

2. 请根据维修作业计划，完成小组成员的分工。

操作员		记录员	
安全监督员		流程安排员	

作业注意事项

（1）实训开始前，应穿工装，身上与实训无关的物品要去除，长头发应挽起并固定于脑后。

（2）实训时，正确使用状态良好的设备和规格相符的工具。使用后，应立即将其清理并放好。

（3）实训时，确知完成本次任务的规范流程和安全注意事项。

（4）在作业过程中，严格遵守课堂纪律，认真进行实训。

实训检测设备、工具、材料

序号	名称	数量	清点记录
1			□已清点
2			□已清点
3			□已清点
4			□已清点

四、计划实施	成绩：

1. 请完成本次任务作业前的基本检查，并记录信息。

（1）作业前安全认识。

本次任务的安全注意事项：＿＿＿＿＿＿＿＿＿＿＿＿＿＿＿＿＿＿＿＿＿

＿＿＿＿＿＿＿＿＿＿＿＿＿＿＿＿＿＿＿＿＿＿＿＿＿＿＿＿＿＿＿＿＿＿

＿＿＿＿＿＿＿＿＿＿＿＿＿＿＿＿＿＿＿＿＿＿＿＿＿＿＿＿＿＿＿＿。

（2）记录实训车辆的基本信息。

记录内容：＿＿＿＿＿＿＿＿＿＿＿＿＿＿＿＿＿＿＿＿＿＿＿＿＿＿＿＿

＿＿＿＿＿＿＿＿＿＿＿＿＿＿＿＿＿＿＿＿＿＿＿＿＿＿＿＿＿＿＿＿＿＿

＿＿＿＿＿＿＿＿＿＿＿＿＿＿＿＿＿＿＿＿＿＿＿＿＿＿＿＿＿＿＿＿。

（3）作业前设备、工具检查。

检查内容和结果：＿＿＿＿＿＿＿＿＿＿＿＿＿＿＿＿＿＿＿＿＿＿＿＿＿

＿＿＿＿＿＿＿＿＿＿＿＿＿＿＿＿＿＿＿＿＿＿＿＿＿＿＿＿＿＿＿＿＿＿

＿＿＿＿＿＿＿＿＿＿＿＿＿＿＿＿＿＿＿＿＿＿＿＿＿＿＿＿＿＿＿＿。

2. 请完成汽车底盘的认识流程，并记录信息。

（1）传动系的认识：_____

_____

_____ 。

（2）行驶系的认识：_____

_____

_____ 。

（3）转向系的认识：_____

_____

_____ 。

（4）制动系的认识：_____

_____

_____ 。

五、质量检查	成绩：

请实训指导教师检查本组的作业结果，并针对实训过程中出现的问题提出改进建议。

序号	评价标准	评价结果
1	车辆停放检查与安全防护是否到位	☆ ☆ ☆ ☆ ☆
2	组员着装是否统一	☆ ☆ ☆ ☆ ☆
3	作业流程是否按要求完成	☆ ☆ ☆ ☆ ☆
4	作业过程中是否有足够的安全意识	☆ ☆ ☆ ☆ ☆
综合评语（作业问题及改进建议）		

六、评价反馈	成绩：

请根据自己在课堂上的实际表现，写出心得体会和自我评价。

心得体会：_____

_____

_____

_____ 。

自我评价：_____

_____

_____

_____ 。

项目二　任务工作页（一）

课程：汽车底盘维修		学习任务：离合器构造与检修	
班级：	学号：	组别：	日期：
小组成员：			
指导教师：		参考学时：	
实训目标	1. 掌握离合器的作用及组成。 2. 掌握离合器的工作原理。 3. 能规范拆装离合器总成。 4. 能对离合器进行检修。		

一、接收工作任务　　　　　　成绩：

工作任务：_____

_____

_____

_____

_____

_____。

二、收集信息　　　　　　成绩：

1. 离合器的作用：_____

_____

_____。

2. 请写出下图所示离合器的零部件名称。

1	
2	
3	
4	
5	
6	
7	
8	
9	
10	
11	
12	

3. 请根据上图写出摩擦式离合器的基本工作原理。

（1）离合器接合状态的工作原理：_____

_____

_____。

（2）离合器分离过程的工作原理：_____

_____

_____。

（3）汽车起步的工作原理：_____

_____

_____。

三、制订计划	成绩：

1. 请根据车辆作业前场地准备要求，制订车辆停放检查与安全防护、工具设备及场地检查作业计划。

作业流程		
序号	作业项目	操作要点
1		
2		
3		
4		
计划审核	审核意见： 　　　　　　　　　　　　　年　月　日　　签字：	

2. 请根据维修作业计划，完成小组成员的分工。

操作员		记录员	
安全监督员		流程安排员	
作业注意事项			

（1）实训开始前，应穿工装，身上与实训无关的物品要去除，长头发应挽起并固定于脑后。

（2）实训时，正确使用状态良好的设备和规格相符的工具。使用后，应立即将其清理并放好。

（3）实训时，确知完成本次任务的规范流程和安全注意事项。

（4）在作业过程中，严格遵守课堂纪律，认真进行实训。

实训检测设备、工具、材料			
序号	名称	数量	清点记录
1			□已清点
2			□已清点
3			□已清点
4			□已清点

四、计划实施	成绩：

1．请完成本次任务作业前的基本检查，并记录信息。

（1）作业前安全认识。

本次任务的安全注意事项：＿＿＿＿＿＿＿＿＿＿＿＿＿＿＿＿＿＿＿＿＿

＿＿＿＿＿＿＿＿＿＿＿＿＿＿＿＿＿＿＿＿＿＿＿＿＿＿＿＿＿＿＿＿＿＿＿

＿＿＿＿＿＿＿＿＿＿＿＿＿＿＿＿＿＿＿＿＿＿＿＿＿＿＿＿＿＿＿＿＿＿。

（2）记录实训车辆的基本信息。

记录内容：＿＿＿＿＿＿＿＿＿＿＿＿＿＿＿＿＿＿＿＿＿＿＿＿＿＿＿＿＿

＿＿＿＿＿＿＿＿＿＿＿＿＿＿＿＿＿＿＿＿＿＿＿＿＿＿＿＿＿＿＿＿＿＿＿

＿＿＿＿＿＿＿＿＿＿＿＿＿＿＿＿＿＿＿＿＿＿＿＿＿＿＿＿＿＿＿＿＿＿。

（3）作业前设备、工具检查。

检查内容和结果：＿＿＿＿＿＿＿＿＿＿＿＿＿＿＿＿＿＿＿＿＿＿＿＿＿＿

＿＿＿＿＿＿＿＿＿＿＿＿＿＿＿＿＿＿＿＿＿＿＿＿＿＿＿＿＿＿＿＿＿＿＿

＿＿＿＿＿＿＿＿＿＿＿＿＿＿＿＿＿＿＿＿＿＿＿＿＿＿＿＿＿＿＿＿＿＿。

2．请完成离合器总成的拆装流程，并描述操作过程。

（1）拆卸离合器总成的步骤：＿＿＿＿＿＿＿＿＿＿＿＿＿＿＿＿＿＿＿＿

＿＿＿＿＿＿＿＿＿＿＿＿＿＿＿＿＿＿＿＿＿＿＿＿＿＿＿＿＿＿＿＿＿＿＿

＿＿＿＿＿＿＿＿＿＿＿＿＿＿＿＿＿＿＿＿＿＿＿＿＿＿＿＿＿＿＿＿＿＿＿

＿＿＿＿＿＿＿＿＿＿＿＿＿＿＿＿＿＿＿＿＿＿＿＿＿＿＿＿＿＿＿＿＿＿＿

＿＿＿＿＿＿＿＿＿＿＿＿＿＿＿＿＿＿＿＿＿＿＿＿＿＿＿＿＿＿＿＿＿＿＿

＿＿＿＿＿＿＿＿＿＿＿＿＿＿＿＿＿＿＿＿＿＿＿＿＿＿＿＿＿＿＿＿＿＿＿

＿＿＿＿＿＿＿＿＿＿＿＿＿＿＿＿＿＿＿＿＿＿＿＿＿＿＿＿＿＿＿＿＿＿。

（2）安装离合器总成的步骤：_____

_____

_____

_____

_____

_____

_____

_____

_____ 。

3．请结合课本和维修手册，写出本次任务的检修注意事项和检修要求。

（1）检修注意事项：_____

_____

_____ 。

（2）检修要求:_____

_____

_____ 。

五、质量检查	成绩：

请实训指导教师检查本组的作业结果，并针对实训过程中出现的问题提出改进建议。

序号	评价标准	评价结果
1	规范完成本次任务的准备工作	☆　☆　☆　☆　☆
2	规范完成本次任务的操作流程	☆　☆　☆　☆　☆
3	正确、如实记录检测数据信息	☆　☆　☆　☆　☆
4	场地恢复及现场 5S 管理是否到位	☆　☆　☆　☆　☆
综合评语 （作业问题及 改进建议）		

六、评价反馈	成绩：

请根据自己在课堂上的实际表现，写出心得体会和自我评价。

心得体会：＿＿＿＿＿＿＿＿＿＿＿＿＿＿＿＿＿＿＿＿＿＿＿＿＿＿

＿＿＿＿＿＿＿＿＿＿＿＿＿＿＿＿＿＿＿＿＿＿＿＿＿＿＿＿＿＿＿＿＿＿

＿＿＿＿＿＿＿＿＿＿＿＿＿＿＿＿＿＿＿＿＿＿＿＿＿＿＿＿＿＿＿＿＿＿

＿＿＿＿＿＿＿＿＿＿＿＿＿＿＿＿＿＿＿＿＿＿＿＿＿＿＿＿＿＿＿＿＿。

自我评价：＿＿＿＿＿＿＿＿＿＿＿＿＿＿＿＿＿＿＿＿＿＿＿＿＿＿

＿＿＿＿＿＿＿＿＿＿＿＿＿＿＿＿＿＿＿＿＿＿＿＿＿＿＿＿＿＿＿＿＿＿

＿＿＿＿＿＿＿＿＿＿＿＿＿＿＿＿＿＿＿＿＿＿＿＿＿＿＿＿＿＿＿＿＿＿

＿＿＿＿＿＿＿＿＿＿＿＿＿＿＿＿＿＿＿＿＿＿＿＿＿＿＿＿＿＿＿＿＿。

项目二　任务工作页（二）

课程：汽车底盘维修		学习任务：变速器构造与检修	
班级：	学号：	组别：	日期：
小组成员：			
指导教师：		参考学时：	
实训目标	1. 掌握变速器的基本组成及作用。 2. 掌握变速器的工作原理。 3. 能规范拆装变速器总成。 4. 能对变速器进行检修。		

一、接收工作任务	成绩：

工作任务：＿＿＿＿＿＿＿＿＿＿＿＿＿＿＿＿＿＿＿＿＿＿＿＿＿

＿＿＿＿＿＿＿＿＿＿＿＿＿＿＿＿＿＿＿＿＿＿＿＿＿＿＿＿＿＿＿＿＿＿＿

＿＿＿＿＿＿＿＿＿＿＿＿＿＿＿＿＿＿＿＿＿＿＿＿＿＿＿＿＿＿＿＿＿＿＿

＿＿＿＿＿＿＿＿＿＿＿＿＿＿＿＿＿＿＿＿＿＿＿＿＿＿＿＿＿＿＿＿＿＿＿

＿＿＿＿＿＿＿＿＿＿＿＿＿＿＿＿＿＿＿＿＿＿＿＿＿＿＿＿＿＿＿＿＿＿。

二、收集信息	成绩：

1. 请写出下图所示变速器的零部件名称。

1		6		11		16		21	
2		7		12		17			
3		8		13		18			
4		9		14		19			
5		10		15		20			

2. 请根据图示写出变速器对应挡位的动力传递路线。

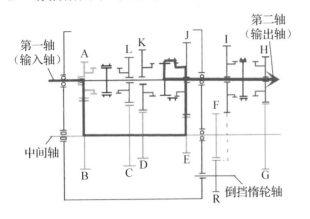

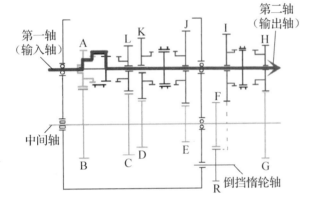

1 挡动力传递路线：_____
°

4 挡动力传递路线：_____
°

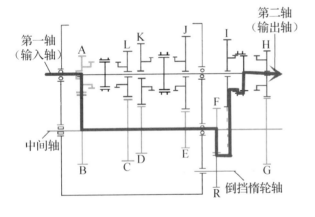

倒挡动力传递路线：_____
°

3. 请根据图示计算变速器对应挡位的传动比。

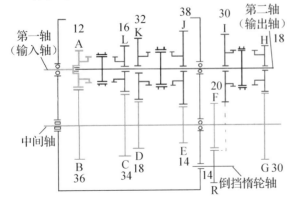

1 挡	
2 挡	
3 挡	
4 挡	
5 挡	
倒挡	

三、制订计划	成绩：

1. 请根据车辆作业前场地准备要求，制订车辆停放检查与安全防护、工具设备及场地检查作业计划。

作业流程		
序号	作业项目	操作要点
1		
2		
3		
4		
计划审核	审核意见： 　　　　　　　　　　　　　　年　月　日　　签字：	

2. 请根据维修作业计划，完成小组成员的分工。

操作员		记录员	
安全监督员		流程安排员	

作业注意事项

（1）实训开始前，应穿工装，身上与实训无关的物品要去除，长头发应挽起并固定于脑后。

（2）实训时，正确使用状态良好的设备和规格相符的工具。使用后，应立即将其清理并放好。

（3）实训时，确知完成本次任务的规范流程和安全注意事项。

（4）在作业过程中，严格遵守课堂纪律，认真进行实训。

实训检测设备、工具、材料			
序号	名称	数量	清点记录
1			□已清点
2			□已清点
3			□已清点
4			□已清点

四、计划实施	成绩：

1. 请完成本次任务作业前的基本检查，并记录信息。

（1）作业前安全认识。

本次任务的安全注意事项：＿＿＿＿＿＿＿＿＿＿＿＿＿＿＿＿＿＿＿＿＿

＿＿＿＿＿＿＿＿＿＿＿＿＿＿＿＿＿＿＿＿＿＿＿＿＿＿＿＿＿＿＿＿＿＿＿

＿＿＿＿＿＿＿＿＿＿＿＿＿＿＿＿＿＿＿＿＿＿＿＿＿＿＿＿＿＿＿＿＿＿。

（2）记录实训车辆的基本信息。

记录内容：＿＿＿＿＿＿＿＿＿＿＿＿＿＿＿＿＿＿＿＿＿＿＿＿＿＿＿＿＿

＿＿＿＿＿＿＿＿＿＿＿＿＿＿＿＿＿＿＿＿＿＿＿＿＿＿＿＿＿＿＿＿＿＿＿

＿＿＿＿＿＿＿＿＿＿＿＿＿＿＿＿＿＿＿＿＿＿＿＿＿＿＿＿＿＿＿＿＿＿。

（3）作业前设备、工具检查。

检查内容和结果：＿＿＿＿＿＿＿＿＿＿＿＿＿＿＿＿＿＿＿＿＿＿＿＿＿＿

＿＿＿＿＿＿＿＿＿＿＿＿＿＿＿＿＿＿＿＿＿＿＿＿＿＿＿＿＿＿＿＿＿＿＿

＿＿＿＿＿＿＿＿＿＿＿＿＿＿＿＿＿＿＿＿＿＿＿＿＿＿＿＿＿＿＿＿＿＿。

2. 请完成变速器总成拆装流程，并描述操作过程。

（1）拆卸变速器壳体的步骤：＿＿＿＿＿＿＿＿＿＿＿＿＿＿＿＿＿＿＿＿

＿＿＿＿＿＿＿＿＿＿＿＿＿＿＿＿＿＿＿＿＿＿＿＿＿＿＿＿＿＿＿＿＿＿＿

＿＿＿＿＿＿＿＿＿＿＿＿＿＿＿＿＿＿＿＿＿＿＿＿＿＿＿＿＿＿＿＿＿＿＿

＿＿＿＿＿＿＿＿＿＿＿＿＿＿＿＿＿＿＿＿＿＿＿＿＿＿＿＿＿＿＿＿＿＿＿

＿＿＿＿＿＿＿＿＿＿＿＿＿＿＿＿＿＿＿＿＿＿＿＿＿＿＿＿＿＿＿＿＿＿。

（2）安装变速器壳体的步骤：＿＿＿＿＿＿＿＿＿＿＿＿＿＿＿＿＿＿＿＿

＿＿＿＿＿＿＿＿＿＿＿＿＿＿＿＿＿＿＿＿＿＿＿＿＿＿＿＿＿＿＿＿＿＿＿

＿＿＿＿＿＿＿＿＿＿＿＿＿＿＿＿＿＿＿＿＿＿＿＿＿＿＿＿＿＿＿＿＿＿＿

＿＿＿＿＿＿＿＿＿＿＿＿＿＿＿＿＿＿＿＿＿＿＿＿＿＿＿＿＿＿＿＿＿＿＿

＿＿＿＿＿＿＿＿＿＿＿＿＿＿＿＿＿＿＿＿＿＿＿＿＿＿＿＿＿＿＿＿＿＿。

（3）拆卸变速器输入轴、输出轴的步骤：＿＿＿＿＿＿＿＿＿＿＿＿＿＿

＿＿＿＿＿＿＿＿＿＿＿＿＿＿＿＿＿＿＿＿＿＿＿＿＿＿＿＿＿＿＿＿＿＿＿

＿＿＿＿＿＿＿＿＿＿＿＿＿＿＿＿＿＿＿＿＿＿＿＿＿＿＿＿＿＿＿＿＿＿＿

＿＿＿＿＿＿＿＿＿＿＿＿＿＿＿＿＿＿＿＿＿＿＿＿＿＿＿＿＿＿＿＿＿＿＿

＿＿＿＿＿＿＿＿＿＿＿＿＿＿＿＿＿＿＿＿＿＿＿＿＿＿＿＿＿＿＿＿＿＿。

（4）安装变速器输入轴、输出轴的步骤：＿＿＿＿＿＿＿＿＿＿＿＿＿＿＿＿＿＿

＿＿＿＿＿＿＿＿＿＿＿＿＿＿＿＿＿＿＿＿＿＿＿＿＿＿＿＿＿＿＿＿＿＿＿＿＿＿＿

＿＿＿＿＿＿＿＿＿＿＿＿＿＿＿＿＿＿＿＿＿＿＿＿＿＿＿＿＿＿＿＿＿＿＿＿＿＿＿

＿＿＿＿＿＿＿＿＿＿＿＿＿＿＿＿＿＿＿＿＿＿＿＿＿＿＿＿＿＿＿＿＿＿＿＿＿＿＿

＿＿＿＿＿＿＿＿＿＿＿＿＿＿＿＿＿＿＿＿＿＿＿＿＿＿＿＿＿＿＿＿＿＿＿＿＿＿＿

＿＿＿＿＿＿＿＿＿＿＿＿＿＿＿＿＿＿＿＿＿＿＿＿＿＿＿＿＿＿＿＿＿＿＿＿＿＿＿

＿＿＿＿＿＿＿＿＿＿＿＿＿＿＿＿＿＿＿＿＿＿＿＿＿＿＿＿＿＿＿＿＿＿＿＿＿＿。

3．请结合课本和维修手册，写出本次任务的检修注意事项和检修要求。

（1）检修注意事项：＿＿＿＿＿＿＿＿＿＿＿＿＿＿＿＿＿＿＿＿＿＿＿＿＿＿＿

＿＿＿＿＿＿＿＿＿＿＿＿＿＿＿＿＿＿＿＿＿＿＿＿＿＿＿＿＿＿＿＿＿＿＿＿＿＿＿

＿＿＿＿＿＿＿＿＿＿＿＿＿＿＿＿＿＿＿＿＿＿＿＿＿＿＿＿＿＿＿＿＿＿＿＿＿＿。

（2）检修要求：＿＿＿＿＿＿＿＿＿＿＿＿＿＿＿＿＿＿＿＿＿＿＿＿＿＿＿＿＿＿

＿＿＿＿＿＿＿＿＿＿＿＿＿＿＿＿＿＿＿＿＿＿＿＿＿＿＿＿＿＿＿＿＿＿＿＿＿＿＿

＿＿＿＿＿＿＿＿＿＿＿＿＿＿＿＿＿＿＿＿＿＿＿＿＿＿＿＿＿＿＿＿＿＿＿＿＿＿。

五、质量检查	成绩：

请实训指导教师检查本组的作业结果，并针对实训过程中出现的问题提出改进建议。

序号	评价标准	评价结果
1	规范完成本次任务的准备工作	☆ ☆ ☆ ☆ ☆
2	规范完成本次任务的操作流程	☆ ☆ ☆ ☆ ☆
3	正确、如实记录检测数据信息	☆ ☆ ☆ ☆ ☆
4	场地恢复及现场 5S 管理是否到位	☆ ☆ ☆ ☆ ☆
综合评语（作业问题及改进建议）		

六、评价反馈	成绩：

请根据自己在课堂上的实际表现，写出心得体会和自我评价。

心得体会：_____

_____

_____

_____。

自我评价：_____

_____

_____

_____。

项目二　任务工作页（三）

课程：汽车底盘维修		学习任务：万向传动装置构造与检修	
班级：	学号：	组别：	日期：
小组成员：			
指导教师：		参考学时：	
实训目标	1．掌握万向传动装置的组成及功用。 2．掌握万向传动装置的工作原理。 3．能规范拆装万向传动装置。 4．能对万向传动装置进行检修。		

一、接收工作任务　　　　　　　　　成绩：

工作任务：＿＿＿＿＿＿＿＿＿＿＿＿＿＿＿＿＿＿＿＿＿＿＿＿＿＿＿＿＿＿＿＿＿

＿＿＿＿＿＿＿＿＿＿＿＿＿＿＿＿＿＿＿＿＿＿＿＿＿＿＿＿＿＿＿＿＿＿＿＿＿＿＿

＿＿＿＿＿＿＿＿＿＿＿＿＿＿＿＿＿＿＿＿＿＿＿＿＿＿＿＿＿＿＿＿＿＿＿＿＿＿＿

＿＿＿＿＿＿＿＿＿＿＿＿＿＿＿＿＿＿＿＿＿＿＿＿＿＿＿＿＿＿＿＿＿＿＿＿＿＿＿

＿＿＿＿＿＿＿＿＿＿＿＿＿＿＿＿＿＿＿＿＿＿＿＿＿＿＿＿＿＿＿＿＿＿＿＿＿＿。

二、收集信息　　　　　　　　　　　成绩：

请写出下图所示十字轴式万向节的零部件名称。

1	
2	
3	
4	
5	
6	
7	
8	
9	
10	
11	
12	

三、制订计划	成绩：

1. 请根据车辆作业前场地准备要求，制订车辆停放检查与安全防护、工具设备及场地检查作业计划。

作业流程		
序号	作业项目	操作要点
1		
2		
3		
4		
计划审核	审核意见： 年　月　日　　签字：	

2. 请根据维修作业计划，完成小组成员的分工。

操作员		记录员	
安全监督员		流程安排员	
作业注意事项			

（1）实训开始前，应穿工装，身上与实训无关的物品要去除，长头发应挽起并固定于脑后。

（2）实训时，正确使用状态良好的设备和规格相符的工具。使用后，应立即将其清理并放好。

（3）实训时，确知完成本次任务的规范流程和安全注意事项。

（4）在作业过程中，严格遵守课堂纪律，认真进行实训。

实训检测设备、工具、材料			
序号	名称	数量	清点记录
1			□已清点
2			□已清点
3			□已清点
4			□已清点

四、计划实施	成绩：

1. 请完成本次任务作业前的基本检查，并记录信息。

（1）作业前安全认识。

本次任务的安全注意事项：_____

_____

_____。

（2）记录实训车辆的基本信息。

记录内容：_____

_____

_____。

（3）作业前设备、工具检查。

检查内容和结果：_____

_____

_____。

2. 请完成万向传动装置的拆装流程，并描述操作过程。

（1）拆卸万向传动装置的步骤：_____

_____

_____

_____

_____

_____

_____

_____。

（2）安装万向传动装置的步骤：_____

_____

_____

_____

_____

_____

_____

_____。

3. 请结合课本和维修手册，写出本次任务的检修注意事项和检修要求。

（1）检修注意事项：＿＿＿＿＿＿＿＿＿＿＿＿＿＿＿＿＿＿＿＿＿＿＿＿＿

＿＿＿＿＿＿＿＿＿＿＿＿＿＿＿＿＿＿＿＿＿＿＿＿＿＿＿＿＿＿＿＿＿＿＿

＿＿＿＿＿＿＿＿＿＿＿＿＿＿＿＿＿＿＿＿＿＿＿＿＿＿＿＿＿＿＿＿＿＿＿。

（2）检修要求：＿＿＿＿＿＿＿＿＿＿＿＿＿＿＿＿＿＿＿＿＿＿＿＿＿＿＿＿

＿＿＿＿＿＿＿＿＿＿＿＿＿＿＿＿＿＿＿＿＿＿＿＿＿＿＿＿＿＿＿＿＿＿＿

＿＿＿＿＿＿＿＿＿＿＿＿＿＿＿＿＿＿＿＿＿＿＿＿＿＿＿＿＿＿＿＿＿＿＿。

五、质量检查	成绩：

请实训指导教师检查本组的作业结果，并针对实训过程中出现的问题提出改进建议。

序号	评价标准	评价结果
1	规范完成本次任务的准备工作	☆ ☆ ☆ ☆ ☆
2	规范完成本次任务的操作流程	☆ ☆ ☆ ☆ ☆
3	正确、如实记录检测数据信息	☆ ☆ ☆ ☆ ☆
4	场地恢复及现场 5S 管理是否到位	☆ ☆ ☆ ☆ ☆
综合评语 （作业问题及 改进建议）		

六、评价反馈	成绩：

请根据自己在课堂上的实际表现，写出心得体会和自我评价。

心得体会：＿＿＿＿＿＿＿＿＿＿＿＿＿＿＿＿＿＿＿＿＿＿＿＿＿＿＿＿＿＿

＿＿＿＿＿＿＿＿＿＿＿＿＿＿＿＿＿＿＿＿＿＿＿＿＿＿＿＿＿＿＿＿＿＿＿

＿＿＿＿＿＿＿＿＿＿＿＿＿＿＿＿＿＿＿＿＿＿＿＿＿＿＿＿＿＿＿＿＿＿＿

＿＿＿＿＿＿＿＿＿＿＿＿＿＿＿＿＿＿＿＿＿＿＿＿＿＿＿＿＿＿＿＿＿＿＿。

自我评价：＿＿＿＿＿＿＿＿＿＿＿＿＿＿＿＿＿＿＿＿＿＿＿＿＿＿＿＿＿＿

＿＿＿＿＿＿＿＿＿＿＿＿＿＿＿＿＿＿＿＿＿＿＿＿＿＿＿＿＿＿＿＿＿＿＿

＿＿＿＿＿＿＿＿＿＿＿＿＿＿＿＿＿＿＿＿＿＿＿＿＿＿＿＿＿＿＿＿＿＿＿

＿＿＿＿＿＿＿＿＿＿＿＿＿＿＿＿＿＿＿＿＿＿＿＿＿＿＿＿＿＿＿＿＿＿＿。

项目二　任务工作页（四）

课程：汽车底盘维修		学习任务：驱动桥构造与检修	
班级：	学号：	组别：	日期：
小组成员：			
指导教师：		参考学时：	
实训目标	1. 掌握驱动桥的组成及作用。 2. 掌握驱动桥的工作原理。 3. 能规范拆装驱动桥。 4. 能对驱动桥进行检修。		

一、接收工作任务　　　　　　　　　成绩：

工作任务：＿＿＿＿＿＿＿＿＿＿＿＿＿＿＿＿＿＿＿＿＿＿＿＿＿＿＿＿＿＿＿＿

＿＿＿＿＿＿＿＿＿＿＿＿＿＿＿＿＿＿＿＿＿＿＿＿＿＿＿＿＿＿＿＿＿＿＿＿＿＿

＿＿＿＿＿＿＿＿＿＿＿＿＿＿＿＿＿＿＿＿＿＿＿＿＿＿＿＿＿＿＿＿＿＿＿＿＿＿

＿＿＿＿＿＿＿＿＿＿＿＿＿＿＿＿＿＿＿＿＿＿＿＿＿＿＿＿＿＿＿＿＿＿＿＿＿＿

＿＿＿＿＿＿＿＿＿＿＿＿＿＿＿＿＿＿＿＿＿＿＿＿＿＿＿＿＿＿＿＿＿＿＿＿＿。

二、收集信息　　　　　　　　　　　成绩：

1. 驱动桥的作用：＿＿＿＿＿＿＿＿＿＿＿＿＿＿＿＿＿＿＿＿＿＿＿＿＿＿＿＿

＿＿＿＿＿＿＿＿＿＿＿＿＿＿＿＿＿＿＿＿＿＿＿＿＿＿＿＿＿＿＿＿＿＿＿＿＿＿

＿＿＿＿＿＿＿＿＿＿＿＿＿＿＿＿＿＿＿＿＿＿＿＿＿＿＿＿＿＿＿＿＿＿＿＿＿。

2. 主减速器的工作原理：＿＿＿＿＿＿＿＿＿＿＿＿＿＿＿＿＿＿＿＿＿＿＿＿＿

＿＿＿＿＿＿＿＿＿＿＿＿＿＿＿＿＿＿＿＿＿＿＿＿＿＿＿＿＿＿＿＿＿＿＿＿＿＿

＿＿＿＿＿＿＿＿＿＿＿＿＿＿＿＿＿＿＿＿＿＿＿＿＿＿＿＿＿＿＿＿＿＿＿＿＿。

3. 差速器的作用：＿＿＿＿＿＿＿＿＿＿＿＿＿＿＿＿＿＿＿＿＿＿＿＿＿＿＿＿

＿＿＿＿＿＿＿＿＿＿＿＿＿＿＿＿＿＿＿＿＿＿＿＿＿＿＿＿＿＿＿＿＿＿＿＿＿＿

＿＿＿＿＿＿＿＿＿＿＿＿＿＿＿＿＿＿＿＿＿＿＿＿＿＿＿＿＿＿＿＿＿＿＿＿＿。

4. 差速器的工作原理：＿＿＿＿＿＿＿＿＿＿＿＿＿＿＿＿＿＿＿＿＿＿＿＿＿＿

＿＿＿＿＿＿＿＿＿＿＿＿＿＿＿＿＿＿＿＿＿＿＿＿＿＿＿＿＿＿＿＿＿＿＿＿＿＿

＿＿＿＿＿＿＿＿＿＿＿＿＿＿＿＿＿＿＿＿＿＿＿＿＿＿＿＿＿＿＿＿＿＿＿＿＿＿

＿＿＿＿＿＿＿＿＿＿＿＿＿＿＿＿＿＿＿＿＿＿＿＿＿＿＿＿＿＿＿＿＿＿＿＿＿。

5. 请写出下图所示差速器的零部件名称。

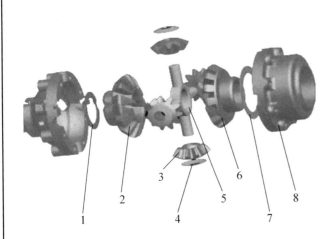

1	
2	
3	
4	
5	
6	
7	
8	

6. 桥壳的作用：_____

_____

_____。

三、制订计划	成绩：

1. 请根据车辆作业前场地准备要求，制订车辆停放检查与安全防护、工具设备及场地检查作业计划。

作业流程		
序号	作业项目	操作要点
1		
2		
3		
4		
计划审核	审核意见： 　　　　　　　　　年　月　日　　签字：	

2. 请根据维修作业计划，完成小组成员的分工。

操作员		记录员	
安全监督员		流程安排员	

作业注意事项

（1）实训开始前，应穿工装，身上与实训无关的物品要去除，长头发应挽起并固定于脑后。

（2）实训时，正确使用状态良好的设备和规格相符的工具。使用后，应立即将其清理并放好。

（3）实训时，确知完成本次任务的规范流程和安全注意事项。

（4）在作业过程中，严格遵守课堂纪律，认真进行实训。

实训检测设备、工具、材料

序号	名称	数量	清点记录
1			□已清点
2			□已清点
3			□已清点
4			□已清点

四、计划实施　　　　　　　成绩：

1. 请完成本次任务作业前的基本检查，并记录信息。

（1）作业前安全认识。

本次任务的安全注意事项：＿＿＿＿＿＿＿＿＿＿＿＿＿＿＿＿＿＿＿＿＿＿

＿＿＿＿＿＿＿＿＿＿＿＿＿＿＿＿＿＿＿＿＿＿＿＿＿＿＿＿＿＿＿＿＿＿＿＿

＿＿＿＿＿＿＿＿＿＿＿＿＿＿＿＿＿＿＿＿＿＿＿＿＿＿＿＿＿＿＿＿＿＿。

（2）记录实训车辆的基本信息。

记录内容：＿＿＿＿＿＿＿＿＿＿＿＿＿＿＿＿＿＿＿＿＿＿＿＿＿＿＿＿＿＿

＿＿＿＿＿＿＿＿＿＿＿＿＿＿＿＿＿＿＿＿＿＿＿＿＿＿＿＿＿＿＿＿＿＿＿＿

＿＿＿＿＿＿＿＿＿＿＿＿＿＿＿＿＿＿＿＿＿＿＿＿＿＿＿＿＿＿＿＿＿＿。

（3）作业前设备、工具检查。

检查内容和结果：＿＿＿＿＿＿＿＿＿＿＿＿＿＿＿＿＿＿＿＿＿＿＿＿＿＿

＿＿＿＿＿＿＿＿＿＿＿＿＿＿＿＿＿＿＿＿＿＿＿＿＿＿＿＿＿＿＿＿＿＿＿＿

＿＿＿＿＿＿＿＿＿＿＿＿＿＿＿＿＿＿＿＿＿＿＿＿＿＿＿＿＿＿＿＿＿＿。

2. 请完成驱动桥的拆装流程，并描述操作过程。

（1）拆卸驱动桥的步骤：＿＿＿＿＿＿＿＿＿＿＿＿＿＿＿＿＿＿＿＿＿＿

＿＿＿＿＿＿＿＿＿＿＿＿＿＿＿＿＿＿＿＿＿＿＿＿＿＿＿＿＿＿＿＿＿＿＿＿

＿＿＿＿＿＿＿＿＿＿＿＿＿＿＿＿＿＿＿＿＿＿＿＿＿＿＿＿＿＿＿＿＿＿＿＿

＿＿＿＿＿＿＿＿＿＿＿＿＿＿＿＿＿＿＿＿＿＿＿＿＿＿＿＿＿＿＿＿＿＿＿＿

＿＿＿＿＿＿＿＿＿＿＿＿＿＿＿＿＿＿＿＿＿＿＿＿＿＿＿＿＿＿＿＿＿＿＿＿

＿＿＿＿＿＿＿＿＿＿＿＿＿＿＿＿＿＿＿＿＿＿＿＿＿＿＿＿＿＿＿＿＿＿。

（2）安装驱动桥的步骤：＿＿＿＿＿＿＿＿＿＿＿＿＿＿＿＿＿＿＿＿＿＿＿

＿＿＿＿＿＿＿＿＿＿＿＿＿＿＿＿＿＿＿＿＿＿＿＿＿＿＿＿＿＿＿＿＿＿＿＿

＿＿＿＿＿＿＿＿＿＿＿＿＿＿＿＿＿＿＿＿＿＿＿＿＿＿＿＿＿＿＿＿＿＿＿＿

＿＿＿＿＿＿＿＿＿＿＿＿＿＿＿＿＿＿＿＿＿＿＿＿＿＿＿＿＿＿＿＿＿＿＿＿

＿＿＿＿＿＿＿＿＿＿＿＿＿＿＿＿＿＿＿＿＿＿＿＿＿＿＿＿＿＿＿＿＿＿＿＿

＿＿＿＿＿＿＿＿＿＿＿＿＿＿＿＿＿＿＿＿＿＿＿＿＿＿＿＿＿＿＿＿＿＿。

3. 请结合课本和维修手册，写出本次任务的检修注意事项和检修要求。

（1）检修注意事项：＿＿＿＿＿＿＿＿＿＿＿＿＿＿＿＿＿＿＿＿＿＿＿＿＿

＿＿＿＿＿＿＿＿＿＿＿＿＿＿＿＿＿＿＿＿＿＿＿＿＿＿＿＿＿＿＿＿＿＿＿＿

＿＿＿＿＿＿＿＿＿＿＿＿＿＿＿＿＿＿＿＿＿＿＿＿＿＿＿＿＿＿＿＿＿＿。

（2）检修要求：＿＿＿＿＿＿＿＿＿＿＿＿＿＿＿＿＿＿＿＿＿＿＿＿＿＿＿＿

＿＿＿＿＿＿＿＿＿＿＿＿＿＿＿＿＿＿＿＿＿＿＿＿＿＿＿＿＿＿＿＿＿＿＿＿

＿＿＿＿＿＿＿＿＿＿＿＿＿＿＿＿＿＿＿＿＿＿＿＿＿＿＿＿＿＿＿＿＿＿。

五、质量检查	成绩：

请实训指导教师检查本组的作业结果，并针对实训过程中出现的问题提出改进建议。

序号	评价标准	评价结果
1	规范完成本次任务的准备工作	☆ ☆ ☆ ☆ ☆
2	规范完成本次任务的操作流程	☆ ☆ ☆ ☆ ☆
3	正确、如实记录检测数据信息	☆ ☆ ☆ ☆ ☆
4	场地恢复及现场 5S 管理是否到位	☆ ☆ ☆ ☆ ☆
综合评语 （作业问题及 改进建议）		

六、评价反馈	成绩：

请根据自己在课堂上的实际表现，写出心得体会和自我评价。

心得体会：_____

_____

_____

_____。

自我评价：_____

_____

_____

_____。

项目三　任务工作页（一）

课程：汽车底盘维修		学习任务：车架与车桥构造与检修	
班级：	学号：	组别：	日期：
小组成员：			
指导教师：		参考学时：	
实训目标	1．掌握车架与车桥的基本组成及功用。 2．掌握转向驱动桥的工作原理。 3．能对车架与车桥进行检修。		

一、接收工作任务	成绩：

工作任务：＿＿＿＿＿＿＿＿＿＿＿＿＿＿＿＿＿＿＿＿＿＿＿＿＿＿＿＿＿＿＿＿

＿＿

＿＿

＿＿

＿＿＿＿＿＿＿＿＿＿＿＿＿＿＿＿＿＿＿＿＿＿＿＿＿＿＿＿＿＿＿＿＿＿＿＿＿＿＿。

二、收集信息	成绩：

1．车桥的作用：＿＿＿＿＿＿＿＿＿＿＿＿＿＿＿＿＿＿＿＿＿＿＿＿＿＿＿

＿＿

＿＿＿＿＿＿＿＿＿＿＿＿＿＿＿＿＿＿＿＿＿＿＿＿＿＿＿＿＿＿＿＿＿＿＿＿＿＿＿。

2．请写出下图所示整体式转向桥的零部件名称。

1	
2	
3	
4	
5	
6	
7	
8	
9	
10	

3. 请写出下图所示转向驱动桥的零部件名称。

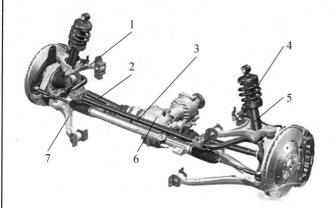

1	
2	
3	
4	
5	
6	
7	

三、制订计划	成绩：

1. 请根据车辆作业前场地准备要求，制订车辆停放检查与安全防护、工具设备及场地检查作业计划。

作业流程		
序号	作业项目	操作要点
1		
2		
3		
4		
计划审核	审核意见： 年　月　日　签字：	

2. 请根据维修作业计划，完成小组成员的分工。

操作员		记录员	
安全监督员		流程安排员	
作业注意事项			

（1）实训开始前，应穿工装，身上与实训无关的物品要去除，长头发应挽起并固定于脑后。

（2）实训时，正确使用状态良好的设备和规格相符的工具。使用后，应立即将其清理并放好。

（3）实训时，确知完成本次任务的规范流程和安全注意事项。

（4）在作业过程中，严格遵守课堂纪律，认真进行实训。

实训检测设备、工具、材料			
序号	名称	数量	清点记录
1			□已清点
2			□已清点
3			□已清点
4			□已清点

四、计划实施	成绩：

1. 请完成本次任务作业前的基本检查，并记录信息。

（1）作业前安全认识。

本次任务的安全注意事项：_____

_____

_____。

（2）记录实训车辆的基本信息。

记录内容：_____

_____

_____。

（3）作业前设备、工具检查。

检查内容和结果：_____

_____

_____。

2. 请完成车架的修理、车桥的检查与调整流程，并描述操作过程。

（1）车架变形的修理步骤：_____

_____

_____

_____

_____

_____。

（2）车架裂纹的修理步骤：_____

_____

_____

_____

_____

_____。

（3）车桥的检查与调整步骤：_____

_____

_____

_____

_____。

3. 请结合课本和维修手册，写出本次任务的检修注意事项和检修要求。

（1）检修注意事项：_____

_____

_____

_____

_____。

（2）检修要求：_____

_____

_____

_____

_____。

五、质量检查	成绩：

请实训指导教师检查本组的作业结果，并针对实训过程中出现的问题提出改进建议。

序号	评价标准	评价结果
1	规范完成本次任务的准备工作	☆ ☆ ☆ ☆ ☆
2	规范完成本次任务的操作流程	☆ ☆ ☆ ☆ ☆
3	正确、如实记录检测数据信息	☆ ☆ ☆ ☆ ☆
4	场地恢复及现场 5S 管理是否到位	☆ ☆ ☆ ☆ ☆
综合评语 （作业问题及 改进建议）		

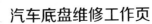

六、评价反馈	成绩：

请根据自己在课堂上的实际表现，写出心得体会和自我评价。

心得体会：_____

_____

_____

_____ 。

自我评价：_____

_____

_____

_____ 。

项目三 任务工作页（二）

课程：汽车底盘维修		学习任务：汽车悬架构造与检修	
班级：	学号：	组别：	日期：
小组成员：			
指导教师：		参考学时：	
实训目标	1. 掌握汽车悬架的基本组成及作用。 2. 掌握双向作用筒式减振器的工作原理。 3. 能规范拆装汽车前悬架。 4. 能对汽车前悬架进行检修。		

一、接收工作任务 成绩：

工作任务：_____

_____

_____

_____

_____。

二、收集信息 成绩：

1. 汽车悬架的作用：_____

_____

_____。

2. 弹性元件的作用：_____

_____

_____。

3. 减振器的作用：_____

_____

_____。

4. 双向作用筒式减振器的工作原理：_____

_____

_____

_____

_____

_____。

5. 横向稳定杆的作用：_____

_____

_____。

6. 横向稳定杆的工作原理：_____

_____

_____。

7. 请写出下图所示双向作用筒式减振器的零部件名称。

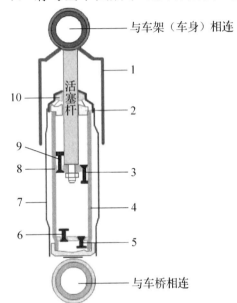

1	
2	
3	
4	
5	
6	
7	
8	
9	
10	

三、制订计划	成绩：

1. 请根据车辆作业前场地准备要求，制订车辆停放检查与安全防护、工具设备及场地检查作业计划。

作业流程		
序号	作业项目	操作要点
1		
2		
3		
4		
计划审核	审核意见： 年　月　日　　签字：	

2. 请根据维修作业计划，完成小组成员的分工。

操作员		记录员	
安全监督员		流程安排员	

作业注意事项

（1）实训开始前，应穿工装，身上与实训无关的物品要去除，长头发应挽起并固定于脑后。

（2）实训时，正确使用状态良好的设备和规格相符的工具。使用后，应立即将其清理并放好。

（3）实训时，确知完成本次任务的规范流程和安全注意事项。

（4）在作业过程中，严格遵守课堂纪律，认真进行实训。

实训检测设备、工具、材料

序号	名称	数量	清点记录
1			□已清点
2			□已清点
3			□已清点
4			□已清点

四、计划实施	成绩：

1. 请完成本次任务作业前的基本检查，并记录信息。

（1）作业前安全认识。

本次任务的安全注意事项：＿＿＿＿＿＿＿＿＿＿＿＿＿＿＿＿＿＿

＿＿＿＿＿＿＿＿＿＿＿＿＿＿＿＿＿＿＿＿＿＿＿＿＿＿＿＿＿＿＿＿＿

＿＿＿＿＿＿＿＿＿＿＿＿＿＿＿＿＿＿＿＿＿＿＿＿＿＿＿＿＿＿＿。

（2）记录实训车辆的基本信息。

记录内容：＿＿＿＿＿＿＿＿＿＿＿＿＿＿＿＿＿＿＿＿＿＿＿＿＿

＿＿＿＿＿＿＿＿＿＿＿＿＿＿＿＿＿＿＿＿＿＿＿＿＿＿＿＿＿＿＿＿＿

＿＿＿＿＿＿＿＿＿＿＿＿＿＿＿＿＿＿＿＿＿＿＿＿＿＿＿＿＿＿＿。

（3）作业前设备、工具检查。

检查内容和结果：＿＿＿＿＿＿＿＿＿＿＿＿＿＿＿＿＿＿＿＿＿＿

＿＿＿＿＿＿＿＿＿＿＿＿＿＿＿＿＿＿＿＿＿＿＿＿＿＿＿＿＿＿＿＿＿

＿＿＿＿＿＿＿＿＿＿＿＿＿＿＿＿＿＿＿＿＿＿＿＿＿＿＿＿＿＿＿。

2. 请完成前悬架的拆装流程，并描述操作过程。

（1）拆卸前悬架的步骤：＿＿＿＿＿＿＿＿＿＿＿＿＿＿＿＿＿＿＿＿＿＿

＿＿＿＿＿＿＿＿＿＿＿＿＿＿＿＿＿＿＿＿＿＿＿＿＿＿＿＿＿＿＿＿＿＿

＿＿＿＿＿＿＿＿＿＿＿＿＿＿＿＿＿＿＿＿＿＿＿＿＿＿＿＿＿＿＿＿＿＿

＿＿＿＿＿＿＿＿＿＿＿＿＿＿＿＿＿＿＿＿＿＿＿＿＿＿＿＿＿＿＿＿＿＿

＿＿＿＿＿＿＿＿＿＿＿＿＿＿＿＿＿＿＿＿＿＿＿＿＿＿＿＿＿＿＿＿＿。

（2）安装前悬架的步骤：＿＿＿＿＿＿＿＿＿＿＿＿＿＿＿＿＿＿＿＿＿＿

＿＿＿＿＿＿＿＿＿＿＿＿＿＿＿＿＿＿＿＿＿＿＿＿＿＿＿＿＿＿＿＿＿＿

＿＿＿＿＿＿＿＿＿＿＿＿＿＿＿＿＿＿＿＿＿＿＿＿＿＿＿＿＿＿＿＿＿＿

＿＿＿＿＿＿＿＿＿＿＿＿＿＿＿＿＿＿＿＿＿＿＿＿＿＿＿＿＿＿＿＿＿＿

＿＿＿＿＿＿＿＿＿＿＿＿＿＿＿＿＿＿＿＿＿＿＿＿＿＿＿＿＿＿＿＿＿。

3. 请结合课本和维修手册，写出本次任务的检修注意事项和检修要求。

（1）检修注意事项：＿＿＿＿＿＿＿＿＿＿＿＿＿＿＿＿＿＿＿＿＿＿＿＿

＿＿＿＿＿＿＿＿＿＿＿＿＿＿＿＿＿＿＿＿＿＿＿＿＿＿＿＿＿＿＿＿＿＿

＿＿＿＿＿＿＿＿＿＿＿＿＿＿＿＿＿＿＿＿＿＿＿＿＿＿＿＿＿＿＿＿＿。

（2）检修要求：＿＿＿＿＿＿＿＿＿＿＿＿＿＿＿＿＿＿＿＿＿＿＿＿＿＿

＿＿＿＿＿＿＿＿＿＿＿＿＿＿＿＿＿＿＿＿＿＿＿＿＿＿＿＿＿＿＿＿＿＿

＿＿＿＿＿＿＿＿＿＿＿＿＿＿＿＿＿＿＿＿＿＿＿＿＿＿＿＿＿＿＿＿＿。

五、质量检查	成绩：

请实训指导教师检查本组的作业结果，并针对实训过程中出现的问题提出改进建议。

序号	评价标准	评价结果
1	规范完成本次任务的准备工作	☆ ☆ ☆ ☆ ☆
2	规范完成本次任务的操作流程	☆ ☆ ☆ ☆ ☆
3	正确、如实记录检测数据信息	☆ ☆ ☆ ☆ ☆
4	场地恢复及现场 5S 管理是否到位	☆ ☆ ☆ ☆ ☆
综合评语 （作业问题及 改进建议）		

六、评价反馈	成绩：

请根据自己在课堂上的实际表现，写出心得体会和自我评价。

心得体会：_____

_____

_____

_____。

自我评价：_____

_____

_____

_____。

项目三 任务工作页（三）

课程：汽车底盘维修		学习任务：车轮与轮胎构造与检修	
班级：	学号：	组别：	日期：
小组成员：			
指导教师：		参考学时：	
实训目标	1. 掌握车轮与轮胎的基本组成及功用。 2. 掌握车轮与轮胎的分类和组成。 3. 能规范拆装轮胎。 4. 能对轮胎进行检修。		

一、接收工作任务 成绩：

工作任务：_____

_____

_____

_____

_____ 。

二、收集信息 成绩：

1. 车轮的作用：_____

_____

_____ 。

2. 轮胎的作用：_____

_____

_____ 。

3. 胎冠是指_____

_____

_____ 。

4. 对胎冠的要求：_____

_____

_____ 。

5. 缓冲层是指_____

_____

_____。

6. 轮胎规格 225/65R1785V 的含义：_____

_____

_____。

7. 请写出下图所示外胎的零部件名称。

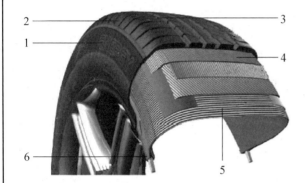

1	
2	
3	
4	
5	
6	

三、制订计划	成绩：

1. 请根据车辆作业前场地准备要求，制订车辆停放检查与安全防护、工具设备及场地检查作业计划。

作业流程		
序号	作业项目	操作要点
1		
2		
3		
4		
计划审核	审核意见： 年　月　日　　签字：	

2. 请根据维修作业计划，完成小组成员的分工。

操作员		记录员	
安全监督员		流程安排员	

作业注意事项

（1）实训开始前，应穿工装，身上与实训无关的物品要去除，长头发应挽起并固定于脑后。

（2）实训时，正确使用状态良好的设备和规格相符的工具。使用后，应立即将其清理并放好。

（3）实训时，确知完成本次任务的规范流程和安全注意事项。

（4）在作业过程中，严格遵守课堂纪律，认真进行实训。

实训检测设备、工具、材料

序号	名称	数量	清点记录
1			□已清点
2			□已清点
3			□已清点
4			□已清点

四、计划实施	成绩：

1. 请完成本次任务作业前的基本检查，并记录信息。

（1）作业前安全认识。

本次任务的安全注意事项：_____

_____

_____。

（2）记录实训车辆的基本信息。

记录内容：_____

_____

_____。

（3）作业前设备、工具检查。

检查内容和结果：_____

_____

_____。

2．请完成轮胎的拆装流程，并描述操作过程。

（1）拆卸轮胎的步骤：_____

_____

_____

_____

_____

_____。

（2）安装轮胎的步骤：_____

_____

_____

_____

_____

_____。

3．请结合课本和维修手册，写出本次任务的检修注意事项和检修要求。

（1）检修注意事项：_____

_____

_____。

（2）检修要求：_____

_____

_____。

五、质量检查	成绩：

请实训指导教师检查本组的作业结果，并针对实训过程中出现的问题提出改进建议。

序号	评价标准	评价结果
1	规范完成本次任务的准备工作	☆ ☆ ☆ ☆ ☆
2	规范完成本次任务的操作流程	☆ ☆ ☆ ☆ ☆
3	正确、如实记录检测数据信息	☆ ☆ ☆ ☆ ☆
4	场地恢复及现场 5S 管理是否到位	☆ ☆ ☆ ☆ ☆
综合评语 （作业问题及 改进建议）		

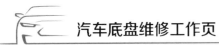

六、评价反馈	成绩：

请根据自己在课堂上的实际表现，写出心得体会和自我评价。

心得体会：＿＿＿＿＿＿＿＿＿＿＿＿＿＿＿＿＿＿＿＿＿＿＿＿

＿＿＿＿＿＿＿＿＿＿＿＿＿＿＿＿＿＿＿＿＿＿＿＿＿＿＿＿＿＿＿＿

＿＿＿＿＿＿＿＿＿＿＿＿＿＿＿＿＿＿＿＿＿＿＿＿＿＿＿＿＿＿＿＿

＿＿＿＿＿＿＿＿＿＿＿＿＿＿＿＿＿＿＿＿＿＿＿＿＿＿＿＿＿＿＿。

自我评价：＿＿＿＿＿＿＿＿＿＿＿＿＿＿＿＿＿＿＿＿＿＿＿＿

＿＿＿＿＿＿＿＿＿＿＿＿＿＿＿＿＿＿＿＿＿＿＿＿＿＿＿＿＿＿＿＿

＿＿＿＿＿＿＿＿＿＿＿＿＿＿＿＿＿＿＿＿＿＿＿＿＿＿＿＿＿＿＿＿

＿＿＿＿＿＿＿＿＿＿＿＿＿＿＿＿＿＿＿＿＿＿＿＿＿＿＿＿＿＿＿。

项目三 任务工作页（四）

课程：汽车底盘维修		学习任务：汽车四轮定位	
班级：	学号：	组别：	日期：
小组成员：			
指导教师：		参考学时：	
实训目标	1．掌握四轮定位的作用。 2．掌握四轮定位的操作流程。		

一、接收工作任务　　　　　　　　成绩：

工作任务：_____

_____

_____

_____

_____。

二、收集信息　　　　　　　　成绩：

1．后轮定位因素：_____

_____

_____。

2．后轮定位角是指_____

_____

_____。

3．后轮前束角是指_____

_____

_____。

4．后轮外倾角是指_____

_____

_____。

三、制订计划	成绩：

1. 请根据车辆作业前场地准备要求，制订车辆停放检查与安全防护、工具设备及场地检查作业计划。

作业流程		
序号	作业项目	操作要点
1		
2		
3		
4		
计划审核	审核意见： 年　月　日　　签字：	

2. 请根据维修作业计划，完成小组成员的分工。

操作员		记录员	
安全监督员		流程安排员	
作业注意事项			

（1）实训开始前，应穿工装，身上与实训无关的物品要去除，长头发应挽起并固定于脑后。

（2）实训时，正确使用状态良好的设备和规格相符的工具。使用后，应立即将其清理并放好。

（3）实训时，确知完成本次任务的规范流程和安全注意事项。

（4）在作业过程中，严格遵守课堂纪律，认真进行实训。

实训检测设备、工具、材料			
序号	名称	数量	清点记录
1			□已清点
2			□已清点
3			□已清点
4			□已清点

四、计划实施	成绩：

1. 请完成本次任务作业前的基本检查，并记录信息。

（1）作业前安全认识。

本次任务的安全注意事项：_____

_____

_____。

（2）记录实训车辆的基本信息。

记录内容：_____

_____

_____。

（3）作业前设备、工具检查。

检查内容和结果：_____

_____

_____。

2. 请完成四轮定位的操作流程，并描述操作过程。

四轮定位的操作步骤：_____

_____

_____

_____

_____

_____

_____

_____

_____。

3. 请结合课本和维修手册，写出本次任务的操作注意事项和操作要求。

（1）操作注意事项：_____

_____

_____。

（2）操作要求：_____

_____

_____。

五、质量检查	成绩：

请实训指导教师检查本组的作业结果，并针对实训过程中出现的问题提出改进建议。

序号	评价标准	评价结果
1	规范完成本次任务的准备工作	☆ ☆ ☆ ☆ ☆
2	规范完成本次任务的操作流程	☆ ☆ ☆ ☆ ☆
3	正确、如实记录检测数据信息	☆ ☆ ☆ ☆ ☆
4	场地恢复及现场 5S 管理是否到位	☆ ☆ ☆ ☆ ☆
综合评语 （作业问题及 改进建议）		

六、评价反馈	成绩：

请根据自己在课堂上的实际表现，写出心得体会和自我评价。

心得体会：_____

_____

_____

_____。

自我评价：_____

_____

_____

_____。

项目四　任务工作页

课程：汽车底盘维修		学习任务：转向系构造与检修	
班级：	学号：	组别：	日期：
小组成员：			
指导教师：		参考学时：	
实训目标	1. 掌握转向系的组成及功用。 2. 掌握转向器的工作原理。 3. 能规范拆装齿轮齿条式转向器。 4. 能对齿轮齿条式转向器进行检修。		

一、接收工作任务　　　　　　　　　　成绩：

工作任务：_____

_____

_____

_____

_____。

二、收集信息　　　　　　　　　　成绩：

请写出下图所示液压式动力转向系的零部件名称。

1	
2	
3	
4	
5	
6	
7	
8	
9	
10	
11	
12	

三、制订计划	成绩：

1. 请根据车辆作业前场地准备要求，制订车辆停放检查与安全防护、工具设备及场地检查作业计划。

作业流程		
序号	作业项目	操作要点
1		
2		
3		
4		
计划审核	审核意见： 　　　　年　　月　　日　　　签字：	

2. 请根据维修作业计划，完成小组成员的分工。

操作员		记录员	
安全监督员		流程安排员	
作业注意事项			

（1）实训开始前，应穿工装，身上与实训无关的物品要去除，长头发应挽起并固定于脑后。

（2）实训时，正确使用状态良好的设备和规格相符的工具。使用后，应立即将其清理并放好。

（3）实训时，确知完成本次任务的规范流程和安全注意事项。

（4）在作业过程中，严格遵守课堂纪律，认真进行实训。

实训检测设备、工具、材料			
序号	名称	数量	清点记录
1			□已清点
2			□已清点
3			□已清点
4			□已清点

四、计划实施	成绩:

1. 请完成本次任务作业前的基本检查，并记录信息。

（1）作业前安全认识。

本次任务的安全注意事项：_____

_____

_____。

（2）记录实训车辆的基本信息。

记录内容：_____

_____

_____。

（3）作业前设备、工具检查。

检查内容和结果：_____

_____

_____。

2. 请完成齿轮齿条式转向器的拆装流程，并描述操作过程。

（1）拆卸齿轮齿条式转向器的步骤：_____

_____

_____

_____

_____

_____。

（2）安装齿轮齿条式转向器的步骤：_____

_____

_____

_____

_____

_____

_____。

3. 请结合课本和维修手册，写出本次任务的检修注意事项和检修要求。

（1）检修注意事项：_____

_____

_____。

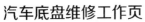

（2）检修要求：＿＿＿＿＿＿＿＿＿＿＿＿＿＿＿＿＿＿＿＿＿＿＿＿＿＿＿＿

＿＿＿＿＿＿＿＿＿＿＿＿＿＿＿＿＿＿＿＿＿＿＿＿＿＿＿＿＿＿＿＿＿＿＿＿＿＿

＿＿＿＿＿＿＿＿＿＿＿＿＿＿＿＿＿＿＿＿＿＿＿＿＿＿＿＿＿＿＿＿＿＿＿＿＿。

五、质量检查	成绩：

请实训指导教师检查本组的作业结果，并针对实训过程中出现的问题提出改进建议。

序号	评价标准	评价结果
1	规范完成本次任务的准备工作	☆ ☆ ☆ ☆ ☆
2	规范完成本次任务的操作流程	☆ ☆ ☆ ☆ ☆
3	正确、如实记录检测数据信息	☆ ☆ ☆ ☆ ☆
4	场地恢复及现场 5S 管理是否到位	☆ ☆ ☆ ☆ ☆
综合评语 （作业问题及 改进建议）		

六、评价反馈	成绩：

请根据自己在课堂上的实际表现，写出心得体会和自我评价。

心得体会：＿＿＿＿＿＿＿＿＿＿＿＿＿＿＿＿＿＿＿＿＿＿＿＿＿＿＿＿＿＿

＿＿＿＿＿＿＿＿＿＿＿＿＿＿＿＿＿＿＿＿＿＿＿＿＿＿＿＿＿＿＿＿＿＿＿＿＿＿

＿＿＿＿＿＿＿＿＿＿＿＿＿＿＿＿＿＿＿＿＿＿＿＿＿＿＿＿＿＿＿＿＿＿＿＿＿＿

＿＿＿＿＿＿＿＿＿＿＿＿＿＿＿＿＿＿＿＿＿＿＿＿＿＿＿＿＿＿＿＿＿＿＿＿＿。

自我评价：＿＿＿＿＿＿＿＿＿＿＿＿＿＿＿＿＿＿＿＿＿＿＿＿＿＿＿＿＿＿

＿＿＿＿＿＿＿＿＿＿＿＿＿＿＿＿＿＿＿＿＿＿＿＿＿＿＿＿＿＿＿＿＿＿＿＿＿＿

＿＿＿＿＿＿＿＿＿＿＿＿＿＿＿＿＿＿＿＿＿＿＿＿＿＿＿＿＿＿＿＿＿＿＿＿＿＿

＿＿＿＿＿＿＿＿＿＿＿＿＿＿＿＿＿＿＿＿＿＿＿＿＿＿＿＿＿＿＿＿＿＿＿＿＿。

项目五　任务工作页（一）

课程：汽车底盘维修		学习任务：鼓式制动器构造与检修	
班级：	学号：	组别：	日期：
小组成员：			
指导教师：		参考学时：	

实训目标	1. 掌握鼓式制动器的结构及功用。 2. 掌握鼓式制动器的工作原理。 3. 能规范拆装鼓式制动器。 4. 能对鼓式制动器进行检修。

一、接收工作任务	成绩：

工作任务：＿＿＿＿＿＿＿＿＿＿＿＿＿＿＿＿＿＿＿＿＿

＿＿＿＿＿＿＿＿＿＿＿＿＿＿＿＿＿＿＿＿＿＿＿＿＿＿＿＿＿

＿＿＿＿＿＿＿＿＿＿＿＿＿＿＿＿＿＿＿＿＿＿＿＿＿＿＿＿＿

＿＿＿＿＿＿＿＿＿＿＿＿＿＿＿＿＿＿＿＿＿＿＿＿＿＿＿＿＿

＿＿＿＿＿＿＿＿＿＿＿＿＿＿＿＿＿＿＿＿＿＿＿＿＿＿＿＿。

二、收集信息	成绩：

1. 汽车制动系的作用：＿＿＿＿＿＿＿＿＿＿＿＿＿＿＿＿

＿＿＿＿＿＿＿＿＿＿＿＿＿＿＿＿＿＿＿＿＿＿＿＿＿＿＿＿＿

＿＿＿＿＿＿＿＿＿＿＿＿＿＿＿＿＿＿＿＿＿＿＿＿＿＿＿＿。

2. 鼓式制动器的工作原理：＿＿＿＿＿＿＿＿＿＿＿＿＿＿

＿＿＿＿＿＿＿＿＿＿＿＿＿＿＿＿＿＿＿＿＿＿＿＿＿＿＿＿＿

＿＿＿＿＿＿＿＿＿＿＿＿＿＿＿＿＿＿＿＿＿＿＿＿＿＿＿＿＿

＿＿＿＿＿＿＿＿＿＿＿＿＿＿＿＿＿＿＿＿＿＿＿＿＿＿＿＿＿

＿＿＿＿＿＿＿＿＿＿＿＿＿＿＿＿＿＿＿＿＿＿＿＿＿＿＿＿＿

＿＿＿＿＿＿＿＿＿＿＿＿＿＿＿＿＿＿＿＿＿＿＿＿＿＿＿＿＿

＿＿＿＿＿＿＿＿＿＿＿＿＿＿＿＿＿＿＿＿＿＿＿＿＿＿＿＿＿

＿＿＿＿＿＿＿＿＿＿＿＿＿＿＿＿＿＿＿＿＿＿＿＿＿＿＿＿。

3．请写出下图所示鼓式制动器的零部件名称。

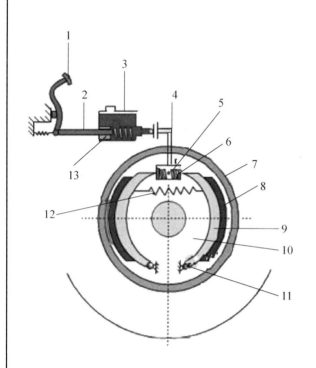

1	
2	
3	
4	
5	
6	
7	
8	
9	
10	
11	
12	
13	

三、制订计划	成绩：

1．请根据车辆作业前场地准备要求，制订车辆停放检查与安全防护、工具设备及场地检查作业计划。

作业流程		
序号	作业项目	操作要点
1		
2		
3		
4		
计划审核	审核意见： 　　　　　　　　　年　月　日　　签字：	

2. 请根据维修作业计划，完成小组成员的分工。

操作员		记录员	
安全监督员		流程安排员	

<table>
<tr><td colspan="4" align="center">作业注意事项</td></tr>
<tr><td colspan="4">（1）实训开始前，应穿工装，身上与实训无关的物品要去除，长头发应挽起并固定于脑后。</td></tr>
<tr><td colspan="4">（2）实训时，正确使用状态良好的设备和规格相符的工具。使用后，应立即将其清理并放好。</td></tr>
<tr><td colspan="4">（3）实训时，确知完成本次任务的规范流程和安全注意事项。</td></tr>
<tr><td colspan="4">（4）在作业过程中，严格遵守课堂纪律，认真进行实训。</td></tr>
</table>

序号	名称	数量	清点记录
	实训检测设备、工具、材料		
1			□已清点
2			□已清点
3			□已清点
4			□已清点

四、计划实施	成绩：

1. 请完成本次任务作业前的基本检查，并记录信息。

（1）作业前安全认识。

本次任务的安全注意事项：_____

_____

_____。

（2）记录实训车辆的基本信息。

记录内容：_____

_____

_____。

（3）作业前设备、工具检查。

检查内容和结果：_____

_____

_____。

2. 请完成鼓式制动器的拆装流程，并描述操作过程。

（1）拆卸鼓式制动器的步骤：＿＿＿＿＿＿＿＿＿＿＿＿＿＿＿＿＿＿

＿＿＿＿＿＿＿＿＿＿＿＿＿＿＿＿＿＿＿＿＿＿＿＿＿＿＿＿＿＿＿＿＿＿＿

＿＿＿＿＿＿＿＿＿＿＿＿＿＿＿＿＿＿＿＿＿＿＿＿＿＿＿＿＿＿＿＿＿＿＿

＿＿＿＿＿＿＿＿＿＿＿＿＿＿＿＿＿＿＿＿＿＿＿＿＿＿＿＿＿＿＿＿＿＿＿

＿＿＿＿＿＿＿＿＿＿＿＿＿＿＿＿＿＿＿＿＿＿＿＿＿＿＿＿＿＿＿＿＿＿。

（2）安装鼓式制动器的步骤：＿＿＿＿＿＿＿＿＿＿＿＿＿＿＿＿＿＿

＿＿＿＿＿＿＿＿＿＿＿＿＿＿＿＿＿＿＿＿＿＿＿＿＿＿＿＿＿＿＿＿＿＿＿

＿＿＿＿＿＿＿＿＿＿＿＿＿＿＿＿＿＿＿＿＿＿＿＿＿＿＿＿＿＿＿＿＿＿＿

＿＿＿＿＿＿＿＿＿＿＿＿＿＿＿＿＿＿＿＿＿＿＿＿＿＿＿＿＿＿＿＿＿＿＿

＿＿＿＿＿＿＿＿＿＿＿＿＿＿＿＿＿＿＿＿＿＿＿＿＿＿＿＿＿＿＿＿＿＿。

3. 请结合课本和维修手册，写出本次任务的检修注意事项和检修要求。

（1）检修注意事项：＿＿＿＿＿＿＿＿＿＿＿＿＿＿＿＿＿＿＿＿＿＿

＿＿＿＿＿＿＿＿＿＿＿＿＿＿＿＿＿＿＿＿＿＿＿＿＿＿＿＿＿＿＿＿＿＿＿

＿＿＿＿＿＿＿＿＿＿＿＿＿＿＿＿＿＿＿＿＿＿＿＿＿＿＿＿＿＿＿＿＿＿。

（2）检修要求：＿＿＿＿＿＿＿＿＿＿＿＿＿＿＿＿＿＿＿＿＿＿＿＿＿

＿＿＿＿＿＿＿＿＿＿＿＿＿＿＿＿＿＿＿＿＿＿＿＿＿＿＿＿＿＿＿＿＿＿＿

＿＿＿＿＿＿＿＿＿＿＿＿＿＿＿＿＿＿＿＿＿＿＿＿＿＿＿＿＿＿＿＿＿＿。

五、质量检查	成绩：

请实训指导教师检查本组的作业结果，并针对实训过程中出现的问题提出改进建议。

序号	评价标准	评价结果
1	规范完成本次任务的准备工作	☆ ☆ ☆ ☆ ☆
2	规范完成本次任务的操作流程	☆ ☆ ☆ ☆ ☆
3	正确、如实记录检测数据信息	☆ ☆ ☆ ☆ ☆
4	场地恢复及现场 5S 管理是否到位	☆ ☆ ☆ ☆ ☆
综合评语 （作业问题及 改进建议）		

六、评价反馈	成绩：

请根据自己在课堂上的实际表现，写出心得体会和自我评价。

心得体会：＿＿＿＿＿＿＿＿＿＿＿＿＿＿＿＿＿＿＿＿＿＿＿＿＿＿

＿＿＿＿＿＿＿＿＿＿＿＿＿＿＿＿＿＿＿＿＿＿＿＿＿＿＿＿＿＿＿＿

＿＿＿＿＿＿＿＿＿＿＿＿＿＿＿＿＿＿＿＿＿＿＿＿＿＿＿＿＿＿＿＿

＿＿＿＿＿＿＿＿＿＿＿＿＿＿＿＿＿＿＿＿＿＿＿＿＿＿＿＿＿＿＿。

自我评价：＿＿＿＿＿＿＿＿＿＿＿＿＿＿＿＿＿＿＿＿＿＿＿＿＿＿

＿＿＿＿＿＿＿＿＿＿＿＿＿＿＿＿＿＿＿＿＿＿＿＿＿＿＿＿＿＿＿＿

＿＿＿＿＿＿＿＿＿＿＿＿＿＿＿＿＿＿＿＿＿＿＿＿＿＿＿＿＿＿＿＿

＿＿＿＿＿＿＿＿＿＿＿＿＿＿＿＿＿＿＿＿＿＿＿＿＿＿＿＿＿＿＿。

项目五　任务工作页（二）

课程：汽车底盘维修			学习任务：盘式制动器构造与检修	
班级：	学号：	组别：		日期：
小组成员：				
指导教师：		参考学时：		
实训目标	1. 掌握盘式制动器的基本组成。 2. 掌握盘式制动器的工作原理。 3. 能规范拆装盘式制动器。 4. 能对盘式制动器进行检修。			

一、接收工作任务　　　　　成绩：

工作任务：_____

_____

_____

_____

_____。

二、收集信息　　　　　成绩：

1. 固定钳盘式制动器是指_____

_____

_____。

2. 浮钳盘式制动器是指_____

_____

_____。

3. 与鼓式制动器相比，盘式制动器的优点：_____

_____

_____

_____

_____。

4. 与鼓式制动器相比，盘式制动器的缺点：_____

_____

_____

_____

_____。

5. 盘式制动器的工作原理：_____

_____

_____。

6. 请写出下图所示盘式制动器的零部件名称。

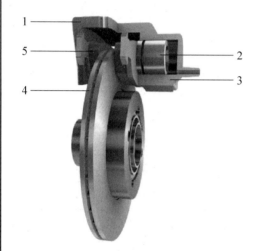

1	
2	
3	
4	
5	

三、制订计划	成绩：

1. 请根据车辆作业前场地准备要求，制订车辆停放检查与安全防护、工具设备及场地检查作业计划。

作业流程		
序号	作业项目	操作要点
1		
2		
3		
4		
计划审核	审核意见： 年　月　日　签字：	

2. 请根据维修作业计划，完成小组成员的分工。

操作员		记录员	
安全监督员		流程安排员	
作业注意事项			

（1）实训开始前，应穿工装，身上与实训无关的物品要去除，长头发应挽起并固定于脑后。

（2）实训时，正确使用状态良好的设备和规格相符的工具。使用后，应立即将其清理并放好。

（3）实训时，确知完成本次任务的规范流程和安全注意事项。

（4）在作业过程中，严格遵守课堂纪律，认真进行实训。

实训检测设备、工具、材料			
序号	名称	数量	清点记录
1			□已清点
2			□已清点
3			□已清点
4			□已清点

四、计划实施	成绩：

1. 请完成本次任务作业前的基本检查，并记录信息。

（1）作业前安全认识。

本次任务的安全注意事项：＿＿＿＿＿＿＿＿＿＿＿＿＿＿＿＿＿＿＿＿＿＿＿

＿＿＿＿＿＿＿＿＿＿＿＿＿＿＿＿＿＿＿＿＿＿＿＿＿＿＿＿＿＿＿＿＿＿＿＿＿＿

＿＿＿＿＿＿＿＿＿＿＿＿＿＿＿＿＿＿＿＿＿＿＿＿＿＿＿＿＿＿＿＿＿＿＿＿＿。

（2）记录实训车辆的基本信息。

记录内容：＿＿＿＿＿＿＿＿＿＿＿＿＿＿＿＿＿＿＿＿＿＿＿＿＿＿＿＿＿＿＿

＿＿＿＿＿＿＿＿＿＿＿＿＿＿＿＿＿＿＿＿＿＿＿＿＿＿＿＿＿＿＿＿＿＿＿＿＿＿

＿＿＿＿＿＿＿＿＿＿＿＿＿＿＿＿＿＿＿＿＿＿＿＿＿＿＿＿＿＿＿＿＿＿＿＿＿。

（3）作业前设备、工具检查。

检查内容和结果：＿＿＿＿＿＿＿＿＿＿＿＿＿＿＿＿＿＿＿＿＿＿＿＿＿＿＿＿

＿＿＿＿＿＿＿＿＿＿＿＿＿＿＿＿＿＿＿＿＿＿＿＿＿＿＿＿＿＿＿＿＿＿＿＿＿＿

＿＿＿＿＿＿＿＿＿＿＿＿＿＿＿＿＿＿＿＿＿＿＿＿＿＿＿＿＿＿＿＿＿＿＿＿＿。

2. 请完成盘式制动器的拆装流程，并描述操作过程。

（1）拆卸盘式制动器的步骤：_____

_____

_____

_____

_____

_____。

（2）安装盘式制动器的步骤：_____

_____

_____

_____

_____

_____。

3. 请结合课本和维修手册，写出本次任务的检修注意事项和检修要求。

（1）检修注意事项：_____

_____

_____。

（2）检修要求：_____

_____

_____。

五、质量检查	成绩：

请实训指导教师检查本组的作业结果，并针对实训过程中出现的问题提出改进建议。

序号	评价标准	评价结果
1	规范完成本次任务的准备工作	☆ ☆ ☆ ☆ ☆
2	规范完成本次任务的操作流程	☆ ☆ ☆ ☆ ☆
3	正确、如实记录检测数据信息	☆ ☆ ☆ ☆ ☆
4	场地恢复及现场 5S 管理是否到位	☆ ☆ ☆ ☆ ☆
综合评语 （作业问题及 改进建议）		

六、评价反馈	成绩：

请根据自己在课堂上的实际表现，写出心得体会和自我评价。

心得体会：_____

_____

_____

_____。

自我评价：_____

_____

_____

_____。

项目五　任务工作页（三）

课程：汽车底盘维修		学习任务：制动传动装置构造与检修		
班级：	学号：	组别：		日期：
小组成员：				
指导教师：		参考学时：		
实训目标	1．掌握制动传动装置的组成及作用。 2．掌握制动传动装置的工作原理。 3．能规范进行制动液的更换及管路中空气的排放。			

一、接收工作任务　　　　　　　　成绩：

工作任务：＿＿＿＿＿＿＿＿＿＿＿＿＿＿＿＿＿＿＿＿＿＿＿＿＿＿＿＿＿

＿＿＿＿＿＿＿＿＿＿＿＿＿＿＿＿＿＿＿＿＿＿＿＿＿＿＿＿＿＿＿＿＿＿＿＿

＿＿＿＿＿＿＿＿＿＿＿＿＿＿＿＿＿＿＿＿＿＿＿＿＿＿＿＿＿＿＿＿＿＿＿＿

＿＿＿＿＿＿＿＿＿＿＿＿＿＿＿＿＿＿＿＿＿＿＿＿＿＿＿＿＿＿＿＿＿＿＿＿

＿＿＿＿＿＿＿＿＿＿＿＿＿＿＿＿＿＿＿＿＿＿＿＿＿＿＿＿＿＿＿＿＿＿＿。

二、收集信息　　　　　　　　　　成绩：

1．制动传动装置的作用：＿＿＿＿＿＿＿＿＿＿＿＿＿＿＿＿＿＿＿＿＿＿

＿＿＿＿＿＿＿＿＿＿＿＿＿＿＿＿＿＿＿＿＿＿＿＿＿＿＿＿＿＿＿＿＿＿＿＿

＿＿＿＿＿＿＿＿＿＿＿＿＿＿＿＿＿＿＿＿＿＿＿＿＿＿＿＿＿＿＿＿＿＿＿。

2．制动传动装置的工作原理：＿＿＿＿＿＿＿＿＿＿＿＿＿＿＿＿＿＿＿＿

＿＿＿＿＿＿＿＿＿＿＿＿＿＿＿＿＿＿＿＿＿＿＿＿＿＿＿＿＿＿＿＿＿＿＿＿

＿＿＿＿＿＿＿＿＿＿＿＿＿＿＿＿＿＿＿＿＿＿＿＿＿＿＿＿＿＿＿＿＿＿＿。

3．制动主缸的工作原理：＿＿＿＿＿＿＿＿＿＿＿＿＿＿＿＿＿＿＿＿＿＿

＿＿＿＿＿＿＿＿＿＿＿＿＿＿＿＿＿＿＿＿＿＿＿＿＿＿＿＿＿＿＿＿＿＿＿＿

＿＿＿＿＿＿＿＿＿＿＿＿＿＿＿＿＿＿＿＿＿＿＿＿＿＿＿＿＿＿＿＿＿＿＿＿

＿＿＿＿＿＿＿＿＿＿＿＿＿＿＿＿＿＿＿＿＿＿＿＿＿＿＿＿＿＿＿＿＿＿＿＿

＿＿＿＿＿＿＿＿＿＿＿＿＿＿＿＿＿＿＿＿＿＿＿＿＿＿＿＿＿＿＿＿＿＿＿。

4．制动轮缸的工作原理：＿＿＿＿＿＿＿＿＿＿＿＿＿＿＿＿＿＿＿＿＿＿

＿＿＿＿＿＿＿＿＿＿＿＿＿＿＿＿＿＿＿＿＿＿＿＿＿＿＿＿＿＿＿＿＿＿＿＿

＿＿＿＿＿＿＿＿＿＿＿＿＿＿＿＿＿＿＿＿＿＿＿＿＿＿＿＿＿＿＿＿＿＿＿。

5. 真空助力器的工作原理：_____

_____

_____

_____

_____

_____。

6. 请写出下图所示双活塞式制动轮缸的零部件名称。

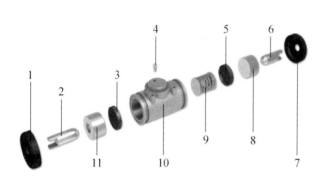

1	
2	
3	
4	
5	
6	
7	
8	
9	
10	
11	

7. 请写出下图所示真空助力器的零部件名称。

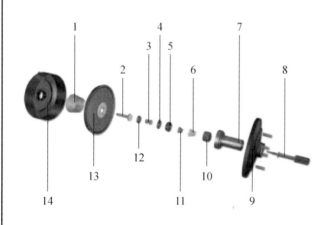

1	
2	
3	
4	
5	
6	
7	
8	
9	
10	
11	
12	
13	
14	

三、制订计划	成绩：

1. 请根据车辆作业前场地准备要求，制订车辆停放检查与安全防护、工具设备及场地检查作业计划。

作业流程		
序号	作业项目	操作要点
1		
2		
3		
4		
计划审核	审核意见： 　　　　　　　　　　　年　　月　　日　　　签字：	

2. 请根据维修作业计划，完成小组成员的分工。

操作员		记录员	
安全监督员		流程安排员	
作业注意事项			

（1）实训开始前，应穿工装，身上与实训无关的物品要去除，长头发应挽起并固定于脑后。

（2）实训时，正确使用状态良好的设备和规格相符的工具。使用后，应立即将其清理并放好。

（3）实训时，确知完成本次任务的规范流程和安全注意事项。

（4）在作业过程中，严格遵守课堂纪律，认真进行实训。

实训检测设备、工具、材料			
序号	名称	数量	清点记录
1			□已清点
2			□已清点
3			□已清点
4			□已清点

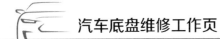
汽车底盘维修工作页

四、计划实施	成绩：

1. 请完成本次任务作业前的基本检查，并记录信息。

（1）作业前安全认识。

本次任务的安全注意事项：_____

_____

_____。

（2）记录实训车辆的基本信息。

记录内容：_____

_____

_____。

（3）作业前设备、工具检查。

检查内容和结果：_____

_____

_____。

2. 请完成制动液的更换及管路中空气的排放操作流程，并描述操作过程。

（1）制动液的更换步骤：_____

_____

_____

_____

_____

_____

_____。

（2）管路中空气的排放步骤：_____

_____

_____

_____

_____

_____

_____。

3. 请结合课本和维修手册，写出本次任务的操作注意事项和操作要求。

（1）操作注意事项：_____

_____

_____。

（2）操作要求：_____

_____

_____ 。

五、质量检查	成绩：

请实训指导教师检查本组的作业结果，并针对实训过程中出现的问题提出改进建议。

序号	评价标准	评价结果
1	规范完成本次任务的准备工作	☆ ☆ ☆ ☆ ☆
2	规范完成本次任务的操作流程	☆ ☆ ☆ ☆ ☆
3	正确、如实记录检测数据信息	☆ ☆ ☆ ☆ ☆
4	场地恢复及现场 5S 管理是否到位	☆ ☆ ☆ ☆ ☆
综合评语 （作业问题及 改进建议）		

六、评价反馈	成绩：

请根据自己在课堂上的实际表现，写出心得体会和自我评价。

心得体会：_____

_____

_____

_____ 。

自我评价：_____

_____

_____

_____ 。

▶ **职业院校新能源汽车专业任务驱动教学法创新教材**

▶ **职业院校汽车专业任务驱动教学法创新教材**

责任编辑：张锴丹
封面设计：彩丰文化

ISBN 978-7-121-49272-3

定价：45.00元